李憲章◎著

旅遊塗鴉本

小軒和他的旅遊筆記

李憲章叔叔的序言

某次面對青少年的旅遊演講裡，當我在台上滔滔不絕時，突然有位國中女生舉手問我：「你說的話，怎麼跟小軒寫的一模一樣？」

我愣了一下，但馬上問她：「你認識小軒嗎？」

「當然認識！」她說：「不就是每個月，在《幼獅少年》寫少年旅遊紀事的那位國中生。他眞好命，能去那麼多地方遊玩，眞是叫人羨慕！」

「那你應該也知道我；我就是在小軒的紀事裡，常被提起的李憲章叔叔啊！」

「是嗎？就是你嗎？」她的表情，好像在述說一件無關痛癢的事：「這我倒沒特別注意！」

老實說，我有一點點的傷心；可是想到小軒以及他所敘述的旅遊紀事，能如此打動這位國中女孩（或許還包括其它我不認識的讀者），代之而起的是更爲巨大的高興。

至少，我幫小軒企劃這系列旅遊紀事的努力，總算沒有白費力氣。

認識小軒，好像是一種命定的緣份。

大約三年前，小軒一家人搬到民生社區的我家隔壁，我很快和喜歡旅遊的這家人熟絡起來，也幫他們安排了幾趟寒、暑假的旅行。

小軒的老爸，規定他出國旅遊一定得寫日記——或者說是寫下每天所見所聞與心得感想的筆記。這些內容，我讀起來覺得頗有意思，便鼓勵他整理出來，最好能夠改寫成以「單一城市」爲主題的旅遊紀事。

小軒曾經問我：「該怎麼寫呢？」

我給他的意見是：格式不拘，只要把你自己對當地的看法、感想，整理出來，將你們一家人的旅遊實況擺進去，就很生動了。

花了兩年時間，小軒很認眞地整理並完成二十四篇紀事。其中，有關於過去旅遊的回憶，也有才剛完成的旅行，一回來就打鐵趁熱地寫出。更有些篇章，就像連環圖畫似的，具有前後互相關聯的旅遊趣味。

閱讀這些紀事，最令我感動的，且覺得有趣的是，小軒直言無諱的心情告白，以及對所旅遊的城市，那種很是單純的觀察與體會。

例如：在需要用「想像力」參觀的義大利龐貝古遺跡，他竟會說逛了四小時後，所想像的情景已經和古代的龐貝沒關係，只想要現代的可樂與冰淇淋，最後還神來之筆地加上——這也是在龐貝城內找都找不到，只能靠想像去體會的東西。

再如：不管要去澳洲的芬瑟島、馬來西亞的吉隆坡，小軒都坦誠自己實在沒興趣。前者，是因爲聽我說「那是全世界最大的沙島」而改變主意；後者則是懷疑老爸在上個月的摸彩裡，抽中兩張吉隆坡的來回機票才想去，在這之前，壓根兒也沒聽他提起。

對於吉隆坡，他所看見的是成龍拍過的「超級警察」電影；在曼谷，最令小軒印象深刻的是交通阻塞，還以近乎「實況轉播」的方式描繪驚險的塞車過程。來到巴黎，他只用「這裡有夠藝術」，一句話就打發了對這座城市的感覺；在倫敦，我更難以想像小軒會用「到處都是總統府」，來形容這座城市建築的壯麗。

如此簡單、直接、坦白……或許還帶點另類色彩的鮮活表白，都讓已經將旅遊寫作當成職業，習於在文章裡包裝、修飾當地情境的自己，感覺汗顏不已。或許，這也是青少年不同於成年人的旅遊態度與心情吧！

在這系列文章裡，小軒花費不少篇幅描述他和老爸、老媽在旅遊過程裡的互動。這些「微不足道」的瑣事，讓向來單獨闖蕩的我深深體會：原來一家人出國，可以那樣好玩；原來有伴——尤其是和自己關係深厚的同伴出遊，可以這般有趣……。

小軒和老爸老媽，平常有沒有「代溝」我不清楚；至少在旅遊時應該沒有，能如此瞭解彼此個性與喜好的這家人，想必不會有！

記得文章寫出時，小軒的老爸很緊張地問我：「眞的要發表嗎？怎麼把我寫成這樣？」

這位老爸，對部分文章裡的自我表現很是滿意，但是在某些地方卻不以爲然，希望小軒筆下留情。

小軒回答：「我並沒有說謊啊！」

媽媽也說：「當時，你的確是這樣沒錯啊！」

他們一家人，就在我面前很認眞地討論起來，場面熱鬧溫馨，充滿歡聲笑語……。

因爲共同策劃旅遊、一起執行旅遊，並回味過去的旅遊而可以讓兩代之間無話不說，融洽相處，或許這正是旅遊對促進「親子關係」的正面幫助。

最後，我退出，讓當主角的「小軒」登場。歡迎各位進入小軒的旅遊紀事裡。

小軒的旅遊記錄

別懷疑國中生的我，可以去那麼多地方遊玩，即使都不向學校請假，你一樣也能做到！

小學時代

年齡太小，遊玩的地點略過不提。

升國中的暑假

七月去「夏威夷」度假。八月上旬去「曼谷」，下旬去「胡志明市」。

國一的寒假

前往紐西蘭的「奧克蘭」。回程因轉機而遊玩了「香港」。

國一的春假

原本要去墾丁，最後改去「菲律賓」。

升國二的暑假

七月先去美西的「舊金山」、「洛杉磯」。利用回程時經過了日本大阪的機會，遊玩了「京都」，再搭新幹線前往「東京」，並到「箱根」做一日遊。八月下旬前往緬甸的「仰光」。

國二的寒假

前往澳洲「黃金海岸」、「芬瑟島」。

國二的春假

前往「新加坡」。

升國三的暑假

生平天數最長的旅遊，前往歐洲，一路遊玩「巴黎」、「倫敦」、「巴塞隆納」、「羅馬」、「龐貝」、「威尼斯」與「阿姆斯特丹」。

國三的寒假

前往「吉隆坡」。接下來，就不知高中聯考結束後的假期，可以去那裡遊玩？爸爸已經承諾考得好，就要帶我去「紐約」。我正爲此目標而加緊努力中……。

CONTENT

目錄

美國 AMERICA

日本 JAPAN

CONTENT

目錄

東南亞

SOUTHEAST ASIA

CONTENT

巴黎紀事
——這裡，有夠藝術！

倫敦紀事
——到處都是總統府

巴塞隆納紀事
——好奇妙的高第建築

羅馬紀事
——尋找羅馬古城

龐貝紀事
——被埋葬的城市

威尼斯紀事
——只有船，沒有車！

阿姆斯特丹紀事
——騎過、走過運河區

歐洲
EUROPE

PARIS

巴黎紀事

——這裡，有夠藝術！

在巴黎玩了三天後，老爸很認眞地問我：「你覺得這裡，跟我們所住的台北有什麼不一樣呢？」

我本來想說——這裡的交通比較好、樹木比較多、亦或者是街道比較整齊、房子比較漂亮……。

不過，這樣的答案，似乎太遜了。唸小學時這樣講，或許還會被老爸誇獎。不過，我已經是國中生。堂堂正正的名校三年級。爲了證明自己的確觀察入微、見解非凡，當然要想出一個非比尋常的答案！

於是我說：「比起台北，巴黎眞的是有夠藝術！」

我那平時很臭屁的老爸，聽得似懂非懂，果然一下子就被這種新新人類的「台語文法」給唬住。媽媽倒是清醒，立刻追問：「那麼請你告訴我，巴黎的藝術在那裡？」

幸好我已經胸有成竹，便兵來將擋地從——路燈如何高尚、建築如何典雅、行人的穿著如何時髦、藝術作品如何受到尊重……等等逐一回答起。說得口沫橫飛，萬分得意。

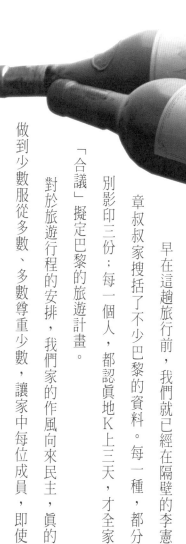

早在這趟旅行前，我們就已經在隔壁的李憲章叔叔家搜括了不少巴黎的資料。每一種，都分別影印三份；每一個人，都認眞地K上三天，才全家「合議」擬定巴黎的旅遊計畫。

對於旅遊行程的安排，我們家的作風向來民主，眞的做到少數服從多數、多數尊重少數，讓家中每位成員，即使不滿意也能勉強接受。沒想到這回，卻怎麼「瞧」也難以擺平。扣掉大家都想去的巴黎鐵塔、凱旋門、聖母院、香榭大道、蒙馬特畫家村和郊外的凡爾賽宮、楓丹白露，時間已經所剩無幾。

最後半天，老爸想去「龐畢度文化藝術中心」，媽媽中意「羅浮宮」，而我想逛「羅丹美術館」，我們三人各持己見，各有各的道理，也各不相讓，三方相持不下。

聽說，法國的紅酒味道十分正點。

走得很累了，就可以到時髦又高雅的巴黎咖啡座休息一番。

老爸首先遊說媽媽：「羅浮宮美術館你又不是沒去過，再看看家裡那套錄影帶，不就可以了！」

媽媽絲毫不為所動，卻掉轉箭頭來遊說我：「為什麼一定要去羅丹美術館呢，那只是一間小小的美術館而已？」

開玩笑！我怎麼可能如此輕易地就被說服呢！本人向來比較喜歡雕塑作品——尤其是具有人物形貌的雕塑。更何況，我看過「羅丹與卡蜜兒」的電影，好想去現場看看：羅丹用他最眞摯情感所雕刻出的卡蜜兒，到底如何美麗。不

管別人怎麼說，我就是要去，一定得去！

再討論下去也不是辦法，我們便找李憲章叔叔拿主意，沒想到，他又幫我們加上一個新的參觀點——「奧賽美術館」，而且千叮嚀、萬交待：「你們全家一定得去那裡！」

最後，我們只得延長在巴黎的停留天數，長到足以讓每個地方都去成，以免任何人的願望被犧牲。

抵達巴黎的隔天，我們先去了老爸想去的龐畢度文化藝術中心。那棟房子非常性格，酷的地像一位不修邊幅的藝術家。看起來好像房子還沒蓋完，就宣佈開幕，因此外牆上還留下各種大大小小的水管、通氣管，或者是其它用途不明的管路。

羅浮宮的金字塔是貝聿銘大師所建。

奧塞美術館內的雕塑作品，看起來栩栩如生，叫人很是感動。

這些，不是應該裝在房子裡？並且僅量隱藏才對！可是在建造龐畢度文化藝術中心的大師，卻很誇張地將它留在外面。我尤其難忘：乘坐暴露於房子外部的管狀透明電梯上升時，所俯瞰的附近街市風景，那當眞美得像一幅畫。

巴黎路邊，很容易見到街頭畫家當眾揮毫，不過若是眞想看畫，好像沒有一家美術館的繪畫作品多過羅浮宮。如果將館內的畫作全部擺出來，大概可以擺滿國父紀念館的大廣場。

媽媽中意的羅浮宮果眞不簡單。裡面的畫，有些大得驚人。例如：讓我們全家端詳

許久的「拿破崙加冕」，長九點三公尺，寬六點一公尺。如果將它平鋪地上，面積遠超過我家的客廳。

不過，羅浮宮裡最重要的繪畫作品，卻是一幅名叫「蒙娜麗莎的微笑」的小畫。這幅畫的大名，我想大家都聽過吧！不親自到現場去瞧瞧，你一定想像不到它居然那麼小，好像只有二十一吋的電視機銀幕那麼大而已。

至於李憲章叔叔鄭重推薦的奧塞美術館，是利用已經停用的火車站改裝而成。巴黎人果眞具備藝術修養，連老舊的火車站，都可以變成很像樣的畫廊。館內所陳列的是——莫內、梵谷、塞尚……等許許多多「印象派」大師的畫作。

最後，我當然得大力宣傳羅丹美術館。它雖然不像羅浮宮、奧塞那樣巨

沒想到巴黎還有這麼老土的眼鏡。

龐畢度中心的巨大透明電扶梯，建造地頗具藝術氣息。

大，卻佈置的相當精緻、溫馨，很生活化。羅丹所刻的雕像，就這麼自然地擺在房間、走廊與花園裡。參觀的感覺，不像進入一板一眼的美術館，反倒像來走進一位收藏豐富的富翁家裡。

我說，巴黎有夠藝術，著眼點並不在於它有多少家大型美術館，而是我看見許許多多像羅丹美術館這樣小而溫馨的藝術空間——那可能只是座小畫廊，是個小廣場、或者僅是矗立在街頭、牆面上的各種藝術裝飾物……。

不只見其大，更可見其小——這才是非常藝術的巴黎！

倫敦紀事

LONDON

——到處都是總統府

在台灣，最壯麗的建築當然是總統府！

我心目中「壯麗」，指的是氣派夠、格調高，具備歷史性，以及建築物規模龐大……等等所加出的綜合感覺。現代高樓大樓，就算蓋到一百層，也

顯現不出那種具有歷史文化，又有無比威嚴的「壯麗」來！

當你明白我的意思後，就可以比較瞭解我對英國首都倫敦的感受。當我從希特羅機場進入這座城市，在市中心逛繞小小的一圈時，驚訝的感覺眞是難以形容。

那個時候，我脫口而出的第一句話，就是詢問老爸：「這裡怎麼到處都是總統府?怎麼會這樣呢？」

我的話，老爸沒聽懂，媽媽也不懂。他們的表情，似乎認爲我從巴黎一路玩到倫敦，八成是玩累了，因此胡言亂語。媽媽還很關心的說：「待會到旅館後，還是先睡個覺，好好休息一下再出去逛逛吧！」

我連忙解釋「總統府」只是一種感覺，一種形容的方式而已。這下他們終於瞭解了。還被老爸誇獎：「沒想到，你居然這麼有創意，這講法挺有意思！」

當天下午，老爸帶我搭乘沒有頂蓋的雙層旅遊巴士，在市區逛繞大大的一圈。那時四下張望，驚訝的感覺更嚴重——因爲我又看到更多、更多的「總統府」。

一個國家，絕對不需要有這麼多總統府；更何況英國只有女王與首相。既然如此，街上這些如同總統府一般偉大的建築物，都是做什麼用途的呢？

這疑問現在無法得知，等明天下車逛街，一切自然揭曉。

在倫敦的第一夜，我重新翻看李憲

看起來真像一群玩具兵的禁衛軍。

據說，這是邱吉爾用過的鋼筆，就不知它簽過那些重要文件。

章叔叔給我的資料。一想到從明天開始，就可以好好參觀各種宏偉的「總統府」，我好奇、興奮的差點睡不著覺！

第二天早餐後，老爸要我們換上輕鬆耐走的球鞋。今天的旅遊課目是「倫敦市區徒步觀光」。我們首先搭計程車到位於泰晤士河畔的國會議事堂，它的功能類似立法院，可是建造得比台北立法院壯觀太多；就不知道英國議員開起會來場面如何？他們的「肢體」語言，是否也比台北的立委諸公火爆激烈？

媽媽回答：「不可能吧！」她要我晚上看看英國的電視，說不定新聞節目裡就會有議場開會的報導。

參觀完與國會議事堂對面只有一街之隔的西敏寺，老爸帶我們越過著名的泰晤士河，沿著河岸散步遊覽。光是在這一帶，我就看到好多夠資格當總統府的偉大建築物。

西敏寺橋邊，有一棟正面彎曲成半弧型的宏偉殿堂，也不知道是做什麼用的？進入參觀，才發現裡面竟是旅館。河的斜對面，那棟方方正正，很像城堡的白色建築，也相當引起我的注目。媽媽查對倫敦地圖，告訴我那是一九八0年才蓋好的國防部。

說到政府機關，「白廳路」一帶最值得參觀。氣派十足的財政部，著名的唐寧街十號首相官邸，和英國皇家騎兵營房，都在這條美麗的大道上。再往前走，就是打敗拿破崙的海軍英雄「納爾遜」駐足的「特拉法加廣場」。這裡，除了噴泉、紀念石柱，以及成群結隊的鴿子外，廣場正對面的「英國國家藝廊」，以及附近的「海軍總部拱門」，它們那種尊貴的威嚴，撼人的氣勢，眞不是看慣台北街頭建築的我所能想像。

這趟徒步之旅，給我很大的啓發。倫敦大多數建築物的照片，我都曾在書上看過，當時只是覺得「很不錯」而已，沒有其它更特別的感受。

第一天坐在車上瀏覽，感覺指數立刻跳躍數級，馬上由「可以媲美總統府」，變成「無比的宏偉與壯觀」。

但是，眞正讓我折服的啞口無言；差點就要跪倒門前，向這些建築物頂禮膜拜的「終極」感覺，還是得等到自己眞眞正正站在它們面前，完整對照出自己的渺小，以及建築的偉大時，才能最最充分地感受到……。

在倫敦，就連平凡老百姓的住宅，都營造得很是古典壯麗。

大英帝國首都的氣勢果真不是蓋的。

所謂「讀萬卷書，不如行萬里路」，古人所體會出的道理，我終於能夠深刻地體會了。

還記得當我們全家一起爬上聖保羅大教堂屋頂，從一百一十公尺的高度鳥瞰壯麗的倫敦市景時，老爸情不自禁的感嘆：「果眞不愧爲大英帝國，果眞不愧爲倫敦……。」

曾經在十八、十九世紀，向海外大肆侵略擴張，建立全世界最大殖民帝國的盎格魯·撒克遜民族，對自身首都「倫敦」的經營與塑造，怎可能掉以輕心？

當時，集中著全世界最多的資源以及財富，再以最優秀的建築專家設計

英國的食物實在是很不好吃，其中最叫我受不了的就是這幾款。

規劃，投入無數心血所打造出的日不落帝國首都，自然是壯觀宏偉，氣象萬千。這也難怪，街上會出現許許多多「總統府」級的偉大建築物了。

離開倫敦前夕，老爸突然問我：「如果你是英國的領導人，你會想要住在倫敦的那裡，選擇那裡辦公呢？」

這眞是需要好好思考的問題。因爲這裡可以當總統府的房子實在太多了。白金漢宮雖然不錯，可是已經住著女王，總不好意思鳩佔鵲巢。住到唐寧街十號的首相官邸呢？不行，那裡的格局好像小了些，氣派不夠大……。

思量許久，我告訴老爸：「大概會住在聖保羅大教堂，選擇大英博物館辦公吧！」

RCAFELONA

巴塞隆納紀事

好奇妙的高第建築

當初規劃歐洲之旅時，我對於安排在行程裡的巴黎、倫敦、羅馬……均無任何意見；只有西班牙的「巴塞隆納」讓我十分疑惑，不明白爲何要前往那裡？

原本，我認爲可能是需要轉機，因此才會在倫敦飛往羅馬的途中，加停一個巴塞隆納。從地圖上看來，它也差不多在這兩座城市的中間。

沒想到得意洋洋地將這見解告訴老爸，竟惹來一陣笑聲：「從倫敦到羅馬，這麼短的飛行距離那裡需要轉機，我們就是專程要去巴塞隆納啊！」

爸爸表示，如此安排的理由有二：第一，連續逛過巴黎與倫敦這兩座超級大城，最好換個口味，先去「小一點」的城市玩玩，再繼續前往羅馬這樣的大城市，以免玩得「彈性」疲乏；第二，曾經有位名叫「高第」的偉大建築師，在巴塞隆納留下不少建築作品，不看非常可惜。後者，也是爸爸在歐洲諸多小城中，特別選中巴塞隆納的主因。

高第如何？巴塞隆納怎樣？我都不知道，也沒時間瞭解。我的注意力一直集中在巴黎與倫敦。直到遊完兩地，飛機降落巴塞隆納的機場，我才意識到旅遊現場，已經轉換到這座在我心中實在很不起眼的小城市。

比起倫敦與巴黎，巴塞隆納乍看之下實在沒有什麼了不起。它的教堂不夠巍峨，馬路不夠寬敞，廣場面積也不算太大，就連商店與攤販，陣容也沒倫敦巴黎壯觀。這是我從所住的——位於舊城區「蘭布拉」大道上的旅館陽台，觀望市景所得的概略印象。

我問一同站在陽台欣賞風景的老爸：「從這裡，看得到你所說的那位很偉大、很偉大的高第建築師所蓋的房子嗎？」

打上燈光的高第建築物更顯得美麗。

巴塞隆納人好像很有設計細胞，他們做出的椅子既輕巧又好坐。

爸爸很認眞地東瞄西瞧，最後說：「看不到，很不巧被擋住了。不過，等一會我就帶你去見識，離這裡不遠的地方就有一間高第設計的宮殿，走路過去就可以了。」

我們沿著方才所眺望的蘭布拉大道，往港口方向走去。一路上，老爸與媽媽都顯得有點迫不急待，好像眞有「寶藏」在前面等著似的。而我左看右看上看下看，都很難相信會有什麼了不得的建築物，可能奇蹟般地出現在眼前。

走著，走著，竟又拐進一條「更不怎樣」的小巷子，我的信心指數已經跌到谷底。突然，聽到老爸口中高喊：「到了，就是這裡，這就是高第所蓋的瑰爾宮殿。」

我趕忙將頭抬起，確實有棟黑壓壓

的，好像很複雜的大型建築物蓋頂而來。只是這巷子太窄，根本沒有足夠的後退空間，去欣賞它在老爸口中的「偉大」之處。

正面都還沒瞧清，老爸他們已經走進屋裡。我趕忙跟進。大門有一售票口，乍見此區格局，我還是沒什麼衝動或興奮的感覺；直到看見通往地下室那條螺旋型走道，設計的味道才稍微顯現。等到進入地下室，那種的確「很不一樣」的感覺已經很清晰，我好像開始瞭解：老爸和媽媽對高第讚賞不已的原因。

瑰爾宮地下室與樓上數層樓的空間感截然不同。如果說，地下室所呈現的是一種很奇特的單純與原始，樓上所展露的則是很奇特的複雜與華麗（對不起，這兩句話抄自李叔叔的文章）。在這裡，我必須鄭重而一再地重複「奇特」這個形容詞，就算是將它替換成奇異、奇怪、奇幻、不可思議……等都可以。

要比建築物的細部裝飾，高第所設計的聖家堂絕對是「世界第一等」。

這時，我就算無法正確估量高第建築的偉大程度，也非常確定：這個人經營空間與裝潢佈置的本領，絕對是世上第一流。遊逛瑰爾宮內充滿設計感與雕琢感的客廳、餐廳、走道、樓梯……時，我實在很難相信：自己眞是走在一棟房子裡。因爲這裡面的每一方寸空間，根本就是藝術品！

就在這種對高第——不！應該說是對整個巴塞隆納刮目相看的心情下，老爸帶我們坐地下鐵到位於「格拉西亞」大道上的另一棟高第作品——米拉住宅。聽說，這是一棟由許多居住單位共同組成的大型集合式公寓。

由於公寓內還住著人，爲保障他們的隱私權，因此能

夠參觀的只有屋頂。不過，這就已經夠了，因爲呈現在眼前的，是一座叫人目瞪口呆、嘆爲觀止、五體投地……簡直難以用語言與文字加以形容的超特級神奇屋頂。

一般屋頂應該都是平的，但高第卻將它建造的高高低低、彎彎曲曲，各部分不但能夠片面獨立，自成一景，又可相互銜接，連綴出廣大的格局。其中，有很像鐵甲武士的巨大頭像，有很像佛塔的螺旋型堆積，有很像溜滑梯一般的走道，及更多不如該如何形容的東西？

↑ 外觀線條有如海浪起伏的米拉住宅。

← 西班牙的果汁，味道十分可口，可是媽媽卻認為稍微甜了一點。

以上，只是就屋頂的「形狀」來描述，如果再加上塗在上面的不同顏色變化，以及陽光照射所造成的明暗光影，那我更不會形容——眞的是不曉得該怎麼說明表達才好！

高第爲巴塞隆納設計了十三棟建築物，其中包括：宮殿、住宅、教堂、學校、公園。這些建築型態別的地方不是沒有，但高第就是這樣的天才與全能，能將它們創作地如此與眾不同，而且出色道地。

離開巴塞隆納前一夜，老爸在書店裡買了文圖並茂的高第作品集。裡面雖然都是英文，但我立志：以後一定認眞查閱字典讀完它。現在，我已經很有興趣瞭解高第了。

羅馬紀事

ROME

尋找羅馬古城

很興奮地飛到我最嚮往的羅馬，但這種興奮之情，在到來的第一天，至少降溫百分之五十，好像被潑了一大盆冷水。

這裡真的是羅馬？是曾經創造橫跨歐、亞、非三洲的帝國，擁有燦爛歷史文化的偉大城市——羅馬？

我相信我們不可能來錯地方，可是我對這城市的第一印象，的確和電影「埃及豔后」、「賓漢」裡面，那種壯麗、宏偉、富裕、繁華的古羅馬市景，有著很大——不對，實在是相當、相當大的落差。

「難怪你有這種感覺……」吃晚餐時，老爸發表看法：「古羅馬文明，畢竟是二千五百年前的往事了。」

「會不會是——我們已經先看過巴黎與倫敦，才來到羅馬的關係？」媽媽說：「同樣是舊房子、老建築，巴黎與倫敦都維護的相當不錯，看起來古意盎然；可是在羅馬街頭所見，真的是有點古老破舊了！」

「或許都有關係吧！」老爸說：「等明天開始遊逛的時候再看看吧！或許，到時會有新的想法也不一定。」

夏天的羅馬，實在炎熱。即使夜晚到來，熱力依舊不減。旅館餐廳的冷

氣好像壞了；我們點的義大利麵，也沒有想像中好吃。只有冰咖啡差強人意。這頓晚餐，大家的心情似乎都有點沉重。餐桌上，彌漫著失望的情緒，和連續旅遊的種種疲累感。

按計畫，我們將在羅馬整整遊玩三天，和李憲章叔叔討論出的行程如下：

第一天：參觀我最有興趣的古代羅馬遺跡，重點是在鬥獸場、萬神殿、與羅馬市集。

第二天：考察電影「羅馬假期」——裡的場景。例如：西班牙廣場、許願泉、眞理之口。這些地方，媽媽都堅持一定得去。

第三天：前往老爸一直想去的梵蒂岡，完成參觀大教堂的壯舉。當天下午，原則上自由活動。想上那再說。

義大利人煮麵的本事十分高明。

鬥獸場的遺跡雖然被保存下來，本身卻已經是百孔千瘡。

首先，我們一家搭計程車來到鬥獸場。

我在先前讀過資料，曉得羅馬競技場完成於西元七十八年。它的總長度是一百八十八公尺，寬一百五十六公尺，看起來雖然像圓型，其實是個很大的橢圓型。從入口處走進去的感覺，像極了走進台北市的棒球場看職棒比賽；可是在古羅馬時代，裡面所上演的卻是鬥士互相殘殺，或是人與猛獸爭鬥的可怕場面。就像我們在電影裡看到的那樣。

走出鬥獸場，剛好看到一輛馬車停

古代的羅馬帝國如今已是這般模樣。

在附近。老爸連忙上前，去和那位已經有點年紀的車夫議價，雙方比手畫腳一陣之後，老爸伸手招呼我和媽媽上車。於是，我們便乘坐這輛很有氣質的馬車，前往古羅馬市集。

沒想到，市集和鬥獸場相隔如此之近，我還沒坐的過癮就得下車，真是掃興！而更叫人掃興的是——曾經繁華一時的羅馬市集，竟然屋倒樓塌，只剩下斷垣殘壁。

在此，老爸很熱心地充當導遊。他拿著一張羅馬古蹟地圖比對現場，告訴我們：「這幾根柱子，以前是某某神殿的一部分；那幾塊磚瓦，又屬於什

梵帝崗衛士的既筆挺又好看的制服，據說出自於米開蘭基羅的設計。

麼地方……。」

天啊！要從這幾根要倒不倒的柱子，滿地的破磚碎瓦當中，看出往日充滿人氣，很是熱鬧的羅馬市集風景，還得擁有相當「想像力」。相較之下，剛剛參觀的鬥獸場雖然也有多處損毀，畢竟要比這裡容易辨認多了。

最後，我們又去看了羅馬時代保存最完整的古蹟「萬神殿」。不過，除了完整以及龐大之外，我倒看不出這古蹟有什麼特別了不起的地方。媽媽提醒我：「你瞧，中間連一根柱子都沒用到，卻可以撐起這麼大、又這麼重的屋頂，這不是很不簡單嗎？」

這下我立即懂了。它就像拱橋一樣，

是利用力學的原理，將圓型屋頂的重量由四週牆面一層層分攤掉的關係吧！

第一天尋找古羅馬之旅，實在不如預期的好玩。直到第二天到達「許願泉」，才開始漸入佳境。站在那座巨型的噴水池旁，我很認眞地投下一堆義大利錢幣，希望高中聯考能有不錯的成績，最好是以第一志願錄取。

媽媽看我如此鄭重其事，便笑著對我說：「許願泉又不是活菩薩，拜託它讓你金榜題名是沒有用的。在裡面丟下錢幣，最多只能實現——讓你以後重遊羅馬的願望而已。」

能不能重遊羅馬我倒不是很在乎，但我可以肯定的是：如果高中聯考非考不可，一年之內，我根本不可能重回羅馬遊玩，因爲老爸絕不可能在這節

玩到義大利，爸爸又買了一只皮箱。

來到鼎鼎大名的許願泉，每一位遊客都不會忘記許下他的願望。

骨眼帶我出國。看來，還是許願聯考制度趕緊取消較爲要緊。

這幾天晃盪下來，我又見到許多羅馬的不同面貌，但是不管怎麼說，我還是喜歡古裝電影裡——軍隊凱旋通過、民眾夾道歡迎、號角聲響徹四方的偉大古羅馬。

不過，就算所有古蹟都保存的和當年一模一樣又如何呢？我想：少了「古人」——尤其是意氣風發的古羅馬人的這座城市，味道總是稍遜一籌吧！

龐貝紀事

POMPEII

被埋葬的城市

西元七十九年的八月二十四日，義大利南部的維蘇威火山突然爆發，而且威力驚人。一瞬間，鄰近幾座城鎮都被埋入厚重的火山灰泥裡。其中最有名的，就是從十八世紀起，被陸續挖掘出來的「龐貝」。

我們一家人，是在羅馬參加「一日遊」的龐貝旅行團，與來自世界各地的觀光客一塊搭上冷氣巴士，前往這處鼎鼎大名的古代廢墟。單趟車程長達三個多小時，由於沿途風景不怎麼樣，乘客幾乎都在打瞌睡。車上，最認真的人是老爸，他手邊拿著一大冊在羅馬購買的「龐貝古城復原圖」，一邊閱讀文字，一邊對照圖片，很專心地準備旅遊前的功課。

我知道老爸一直想來龐貝。以前他就告訴過我——仍然保留兩千年前城市狀態的這處大廢墟，是人類非常珍貴的考古資產。

來過義大利的老爸，經常將當年沒有前往龐貝，引為此生一大憾事。如今宿願即將得償，那股興奮勁就甭提了。

端坐車上，認眞注視一張張龐貝復原對照圖的他，雙目炯炯生光，好像充滿抱負與理想的考古學家，要去當地發掘什麼重要寶藏似的……。

我的情緒，與爸爸完全相反。我對龐貝的期望實在不大。在羅馬，我們

就已經參觀過不少只剩下斷垣殘壁、碎石破瓦的「古蹟」。愈看愈叫人提不起勁。

如果連羅馬都這樣，曾經被火山毀滅、被完全掩埋覆蓋的龐貝，會好到那裡去？就老爸書上的圖片看來，我覺得龐貝的殘破程度，比起羅馬有過之而無不及呢。

對要去的景點無所期待，再加上想到已經從巴黎、倫敦、巴塞隆納，一直玩到義大利，此趟歐洲之旅也差不多將近尾聲的惆悵感，讓我心情更加鬱卒。想睡也睡不下去。還是媽媽實際。上車坐定後，她只丟下一句「到達後叫我」，便很快進入夢鄉。

好不容易，車速不是太快的巴士終於開抵龐貝城下。整理過隊伍，聽完注意事項，當地導遊便將全團帶進龐貝城。首先參觀的是距離入口不遠的博

乳酪味道很香很重的義大利披薩。

對古蹟有興趣的遊客，一件不起眼的小東西都能瞧上個老半天。

物館，裡面陳列著挖掘出來的古代生活用品，不過，都是像杯子、碗盤、傢俱、首飾……等平常物件，不但殘破，而且距離藝術品的層次甚遠。我看了沒幾樣就興趣缺缺，只想走出此地到外面參觀。

胸懷大志的老爸，好像也受不了擠在房子裡面。他說：「我們自己逛，不跟他們走了。」便將我和媽媽帶出館外。

「自己走，不會迷路嗎？」媽媽似乎有點不放心。老爸丟下一句「成！沒問題！」就邁開大步向前走去。我和媽媽只好趕緊跟隨，深怕不小心迷失在這座廢墟裡。

走著，走著，愈讓我覺得老爸對龐貝似乎很瞭解。

在看起來都差不多的廢墟裡轉兩個彎，他就將我們帶到某尊雕像前，並說這一帶就是「阿波羅神殿」。

他解釋：以往的神殿正面有六根柱子，如今就剩下最靠外側的左右兩根；週遭那些崩塌的石柱，過去支撐著包圍神殿的拱廊建築，只是現在看不太出來而已……。

「動動腦筋，多運用點想像力。」爸爸說：「這樣你才能在龐貝多看到一些東西。」

這席話，聽得我跟媽媽肅然起敬。

參觀龐貝遺跡得用上豐富的想像力。

見到這座地球儀時，才更加深刻地瞭解台灣和義大利相距多麼遙遠。

越過阿波羅神殿，我們來到一處很是空曠，看起來至少有一百多米長，四十米寬的巨大廢墟。由於所有的斷垣殘壁盡在四週，中央空無一物，我的「想像力」告訴我——這裡過去應該是空地，或許是一座廣場什麼的。

「答對了！」老爸很高興地說：「以前，這裡是龐貝的公共廣場，旁邊那些柱子與台基，有些是神廟，有些是法院與商業交易所。想當年，這一帶可是人來人往，熱鬧的很。」

爸爸說得眉飛色舞，但他好像不明白：想出（或是猜出）可能是什麼地方，與想像得出當時的生活情景，還相差十萬八千里。像我，就不瞭解當時龐貝人的衣著、髮型，也不清楚他們在這廣場上買賣東西時，使用的是黃金、白銀、還是以物以物那樣的交易方式來做生意？

我不敢多問，否則不曉得還得站在廣場上，聽已經一發不可收拾的老爸臭屁多久。還是回台北看看書，自個尋找答案吧！

離開這座主要廣場後，我們至少花了四個小時在龐貝城的街道裡晃盪，過程中，參觀了難以計數的房屋、宅邸、商店、別墅，包括三座浴場和兩家戲院。

每到一處，老爸都很認眞地說明引領，也要求我和媽媽，務必充分發揮想像力。我發誓，自己實在發揮地很認眞，否則那曉得這處崩塌的牆面是什

麼？那堆疊放的石頭又是什麼？龐貝城內，根本沒有堪稱完整的建築，一切都是殘破不全，得用想像力爲它再塑骨肉！

李憲章叔叔說過，陰天參觀龐貝比較舒服。偏偏今天萬里晴空，烈日高照。在歹毒無比的太陽下，走在沒有大樹與走廊遮蔭的龐貝，眞是種苦刑。逛到第三小時，想像力已經被太陽晒到發暈，也將前兩個小時所構建的種種想像，稀哩呼嚕攪和在一起，理也理不清。

到了第四個小時，我所想像的情景已經和古代的龐貝沒關係，而是現代文明世界裡的冷氣、可口可樂、冰淇淋……等等。這也是在龐貝城內找都找不到，只能靠想像去體會的東西。

只剩柱子的龐貝古城神殿遺跡。

埋在地底，又被挖掘出來的古老銅像。

VENICE

威尼斯紀事

——只有船，沒有車！

很早就知道威尼斯。以前，我對這城市的最深刻印象，是侯孝賢所導演的電影「悲情城市」，在這裡贏得金獅大獎。至於威尼斯的水上風光，還是當我眞正來到此地時，才有較深的體悟。

不過，這座城市最令我感興趣的倒不是媽媽讚嘆不已的水上風景，而是它的交通工具。

以往不管去到那座城市，都一定得搭車。可是，威尼斯卻見不到任何一款車輛，只有大大小小、功能不同的船隻。其中，有像巴士一樣，行走固定路線的大汽船；有充當計程車的小快艇；有如同卡車的貨船；更有以人力划槳的「拱多拉」。

從清晨到夜晚，這些船熱鬧滾滾地航行於威尼斯的水道裡，就像汽車在馬路上通行一樣。爲了避免塞「船」，或者發生事故，威尼斯還有一套針對船隻所設計的水上交通規則。

例如：某些河流的交叉口，設有紅綠燈，紅燈必須停船，綠燈才可以航行。某些過於狹窄的河道，可能規劃成「單行道」，使得每艘船都必須遵行方向，不可隨便亂開。

至於船隻靠岸停泊的規矩，更是一板一眼，絲毫馬虎不得。叫客的水上計程車，不能停靠巴士船的碼頭；巴士船也不能在沒有站牌的地方靠岸。有些私人碼頭，只準「私家船隻」停放。還有些地方設有禁停區，不管你是什麼船都不能亂停。

萬一違規停船，是否會有警察將船吊走（就像拖吊汽車）？或者是開罰單？這我也不清楚。因爲，威尼斯的水上駕駛都很守法，在我們停留的幾天裡，都沒看到違規的事情發生。

來到威尼斯的第一天，老爸就向我們解釋此地爲何只有船，沒有汽車的原因。

「你們看地圖就知道了。」老爸說：「威尼斯的地理情況，和

陸地上的城市很不相同。它是由一百一十八個小島共組的水城。為了讓散落的島嶼連結一起，威尼斯總共建造四百多座橋樑；但這些橋都是設計給行人走的，汽車根本開不上去。所以車子進入威尼斯，處處難以通行，可說是英雄無用武之地。」

當時，我們正從城郊的火車總站，搭巴士船行駛向市中心。為了方便欣賞大運河兩岸的水上風景，我們一家人都站在船弦，而不是坐進船艙裡。

我原先以為：巴士船的司機好像也明白我們心思似的，開船時相當配合——他一會兒向左停，一下子向右靠，在大運河迂迴前進。每當船隻靠岸時，就有乘客上船，也有

浩浩蕩蕩一字排開的拱多拉船隊。

長相英俊迷人的拱多拉船夫。

五十座，比在台北走上一個月都還要多。

在此，我想特別跟各位鄭重介紹大名鼎鼎的拱多拉。這種船身漆成高貴的黑色，外型既瘦且長，看起來充滿了藝術質感的小船，在威尼斯已有將近千年的歷史。據說，也只有此地的造船匠，才懂得如何打造這種獨一無二的美麗小船。媽媽經常遺憾自己從沒坐過拱多拉，這下當然可以如願以償。

搭乘之前，媽媽非常慎重。選船的過程，就好像上菜場買菜似的，挑精揀瘦，不找到最好的、最美的誓不罷休。

幾番比較，她不但挑選了一艘特別豪華的拱多拉，就連船伕，也是一位個子很高，模樣很帥的義大利年輕人。老爸見到媽媽的認真態度，想笑又不敢笑；而我在以往的多次旅行當中，確實沒見過媽媽會對任何一件事如此慎重。

凡做過必定留下痕跡，媽媽的努力是有代價的。當我們一家人所乘坐的拱多拉在威尼斯的水上街巷穿梭時，很多遊客——不管站在陸上，或坐在船上，都舉起相機對我們拍照。讓這趟水上巡航，一路顯得拉風無比。

而這位開船的年輕帥哥也很爭氣。不但划船技術一流，歌聲更可媲美張學友。我雖聽不懂他唱些什麼，但也可以感覺到歌聲中所傳達出的款款深情。我想：那一定是首義大利情歌吧！

在威尼斯很容易見到一大片的水光。

這一匙義大利麵叉轉的不是很漂亮。

阿姆斯特丹紀事

MSTERDAM

——騎過、走過運河區

歐洲的遊程，本來沒包括荷蘭首都「阿姆斯特丹」。最後，我們還是去了。因爲必須從阿姆斯特丹轉機飛回台灣。當行程變成這樣時，老爸馬上就有了新主張。這回他說：「既然經過，就順便住兩天，看看當地的運河景觀吧。」

現在，我們一家人就站在阿姆斯特丹的「某條」運河旁邊。「某條」二字雖然用上下引號框註，卻不是運河的名字。阿姆斯特丹的主要運河共有四條，如果從中央火車站的方向依序數過來，分別爲「辛格」、「赫雷」、「皇帝」與「王子」。這些我都知道，也能從城市地圖裡，依序辨認出運河的大名。

只是，在地圖上可輕易做到的事情，換成現場就不一定有辦法。當老爸帶我們從「慕特廣場」開始步行時，我還可以很清楚確定第一與第二條運河的名字。可是，當老爸不再行走大馬路，而是拐進曲曲折折的巷道時，我的方向感便完全錯亂。

因爲，在這四條平行對稱的主要運河間，還有許多銜接的支流水道。走著，走著，我只覺得怎麼一下子左邊跑出一條運河，一會兒右邊出現一條水道。有時候，又是前後都有，不上橋，不繞路，根本走不過去。這樣亂逛一陣下來，我實在不明白自己究竟走到那裡，因此只能用「某條」來形容眼前的運河。

當時，我特別詢問過全家最會認路，方向感最好的爸爸，沒想到他的回答竟是：「不清楚，只是隨便走走而已。」

我辨認不出的第二個原因是：阿姆斯特丹的運河風景，多數長得很相像。河道兩岸，有些圍著欄杆，有些則種著樹木，樹或欄杆的後面，都是窄窄的，只容許單向通行的車道。車道後面才是一整列的房屋，而且幾乎都是有點舊的老房子。這樣的風景，實在是怎麼看都很像同一個地方。

運河遊艇的船艙規劃著一排排座椅。

喜歡老東西的荷蘭人，連水桶都給人相當古老的感覺。

老實講，我倒不覺得運河風景有多漂亮，不過的確寧靜、安詳。如果運河後面那些房子的內部空間與裝潢，能夠不像外表那樣古舊，住在這裡，每天看著樹、看著河、看玻璃船緩緩駛過的風景，應該也蠻詩情畫意吧！

在阿姆斯特丹，爸爸並沒有特別想要帶我們去那裡，所以今天除了「逛」之外，也沒其它事情可做。中午，很簡單地吃完麥當勞的漢堡餐後，我們又沿著「某條」運河的岸邊道路遊逛起來，逛著逛著，終於給我見到眼睛為之一亮的東西，它——就在我們的正前方。

記得國二暑假的歐遊結束後，當我跟班上死黨聊起運河旁邊讓我眼睛一亮的東西，在「某」方面知識非常淵博的王同學，馬上嚷嚷：「你們是不是逛到阿姆斯特丹的紅燈區？是不是看到櫥窗女郎？是不是啊？快說！」

他這話一說出口，其它同學也是個個眼睛發亮，

當下立即有人附和：「沒錯，那裡的紅燈區，確實名氣響叮噹。」

眞是什麼跟什麼嘛。他們想到那去了。讓我眼睛一亮的東西，只是一個出租腳踏車的鋪子。今天早上，我已經見到數也數不清的腳踏車，從我們的身旁飛馳而過，上面的騎士，從男人到女人，老頭到小孩……盡皆有之。

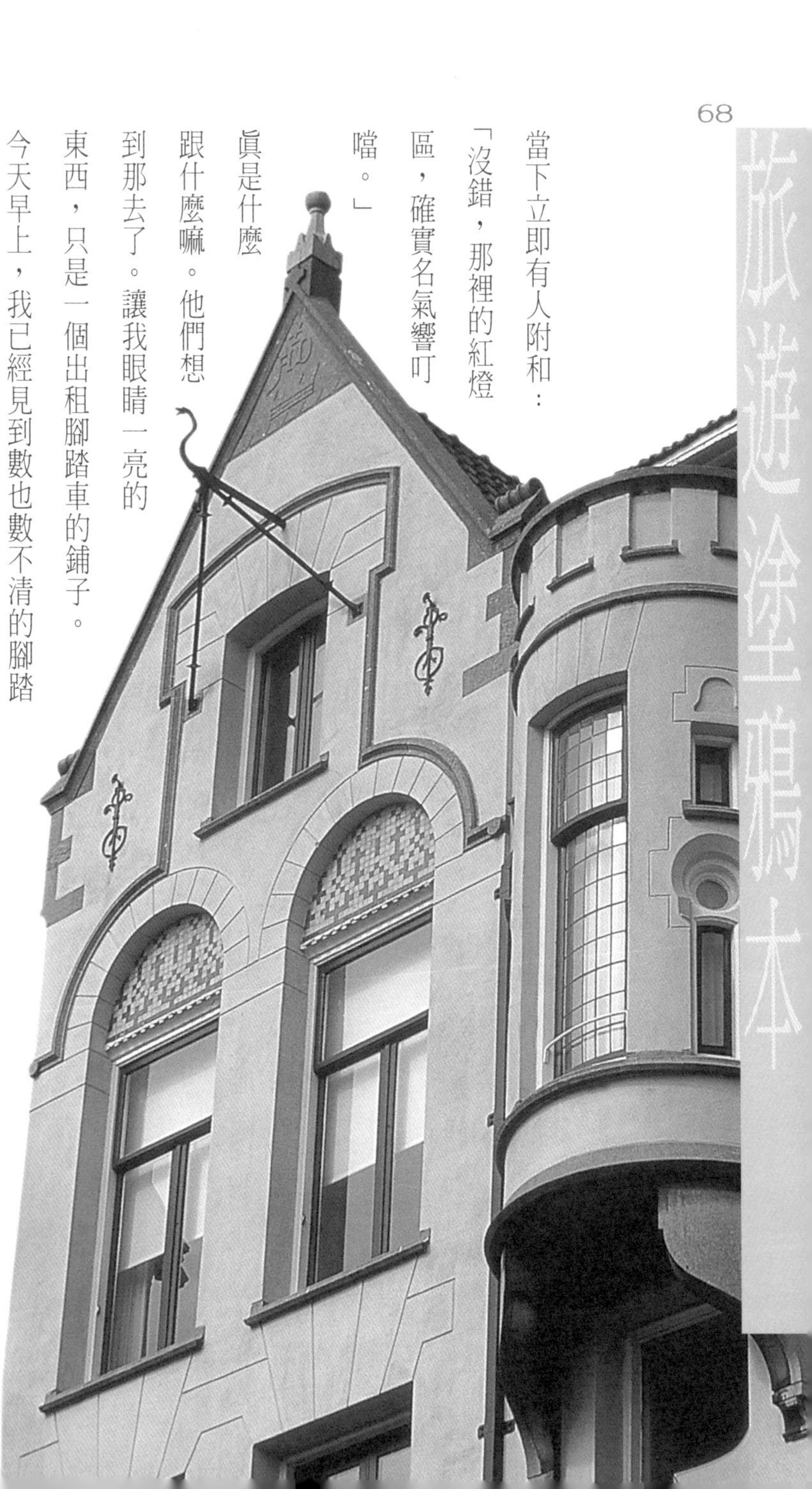

雖然那個上午也不是走得很累，可是看到運河區的環境，看到這麼多腳踏車後，縈繞心中的念頭一直是：能弄部來騎，該有多過癮！

要是我對自個的英文再有自信些，可能早就開口借了。沿路，一直有那麼多人將車騎到運河邊，然後便自得其樂地坐下看書、發呆，讓何其寶貴的腳踏車，無所事事閒置一旁。

不敢開口借，是我今天上午最大的遺憾，如今既然可以「租」，怎能輕易錯過呢。這想法馬上獲得老爸同意，就連騎車技術實在不怎樣的媽媽也躍躍欲試，直說：「在這裡騎車的感覺一定很棒。」

老爸和租車店老闆議價時，我跟媽媽都迫不急待地上前挑選那一排漆成白色，車首掛著

做成風車形狀的荷蘭台夫特陶器。

像這樣的市區華宅，售價十分驚人。

號碼的腳踏車。這一挑，問題來了。因爲當身體眞正靠到腳踏車前面時，我才發覺荷蘭腳踏車的高度實在驚人——即使選擇最小號的車，並將坐墊降到最低，我還是無法直接跨上去。

就算跨上了，停車時，我的腳也絕對構不著地面，騎起來似乎不怎麼安全。

媽媽馬上放棄。但我還是想試，因此最後上路的只有我和老爸。多數時間由他騎在前方，而我緊跟後面，只有騎到比較寬的馬路時，我們才會雙車並行，至於所逛繞的地點，還是離不開運河區範圍。

這樣高的車子，對我雖然是高難度的負荷，騎起來還是非常過癮。在租車的兩小時當中，領路的爸爸幾乎帶我逛遍運河區的每一條街路。騎車，還是比步行有效率多了。

還有一件事我想在文末提起，那就是限制級的阿姆斯特丹紅燈區。我讀過資料，知道那就在運河一帶。可是爸爸帶我逛來逛去，騎來騎去，怎麼都沒見到任何蛛絲馬跡？

事後詢問老爸，他回答：「的確是在那裡沒錯，但你尚未成年，怎麼可以去呢？」

回想當時在運河區旅遊的情景，再對照老爸此刻莫測高深的表情，我突然想到：帶路的爸爸，一定從頭到尾都很清楚我們正走在「某條」運河旁邊——就因爲太清楚了，因此才能不著痕跡的避開紅燈區所在地。

騎腳踏車很好玩，可是騎著、騎著還得停下來看地圖找路就不太好玩。

夏威夷紀事
——旅行，可以印證許多學問

舊金山紀事
——難忘的漁人碼頭

洛杉磯紀事
——是鄉村，也是城市

106-

台北市新生南路3段88號5F之6

揚智文化事業股份有限公司 收

廣告回信
臺灣北區郵政管理局登記證 北台字第8719號
免貼郵票

姓名：

地址：

市 縣

鄉鎮 市區

路（街） 段 巷 弄 號 樓

（請用阿拉伯數字書寫郵遞區號）

電話：（ ）

FAX：

□揚智文化公司　□亞太出版社　□生智出版社

謝謝您購買這本書。

爲加強對讀者的服務，請您詳細填寫本卡各欄資料，投入郵筒寄回給我們（免貼郵票）。

您購買的書名：＿＿＿＿＿＿＿＿＿＿＿＿＿＿＿＿

購買書店：＿＿＿＿＿＿市/縣＿＿＿＿＿＿書店

性　　別：□男　□女

婚　　姻：□已婚　□未婚

生　　日：＿＿年＿＿月＿＿日

職　　業：□①製造業　□②銷售業　□③金融業　□④資訊業

□⑤學生　□⑥大衆傳播　□⑦自由業　□⑧服務業

□⑨軍警　□⑩公　□⑪教　□⑫其他＿＿＿＿

教育程度：□①高中以下（含高中）　□②大專　□③研究所

職 位 別：□①負責人　□②高階主管　□③中級主管

□④一般職員　□⑤專業人員

您通常以何種方式購書？

□①逛書店　□②劃撥郵購　□③電話訂購　□④傳眞訂購

□⑤團體訂購　□⑥其他

對我們的建議

美國

AMERICA

夏威夷紀事

——旅行，可以印證許多學問

HAWAII

第一次見到夏威夷，是在名叫「虎・虎・虎」的戰爭片裡。那裡頭的夏威夷長得什麼模樣，只剩下很模糊的記憶。印象最深的是一大群日本飛機，就像蝗蟲過境似的，將停在「珍珠港」裡的美國軍艦炸得慘兮兮……。

來到夏威夷，第一個參觀的景點就是珍珠港。但是不管怎麼看，都不像那處曾經被炸得七零八落的地方。雖說戰爭已經過了五十年，但總該有一些痕跡留下吧？

「有啊！」老爸說：「那些留下的東西沉在水底下，我們現在就要搭船去看。」

說完，便帶著我和媽媽搭乘美國海軍的小艇，大約五分鐘航程，船已經停泊在一棟看起來很是莊嚴的長條形白色建築物前面。老爸說：「這裡就是亞利桑那號紀念館。」

建築裡面空空蕩蕩，無啥出奇，幸好憑欄眺望的風景不差。突然間，我發現站在左右的遊客，好像都不是在看望港口，而是低頭將視線對準水面。究竟在看什麼啊？難道水底下眞有老爸所說的戰爭遺跡嗎？

定睛細瞧，我發現碧綠的水底下還眞有烏七抹黑的龐然大物，只是水面

反著光，看不清楚。換到另個方向，我已看出那是一艘沉船，是一艘長滿鐵銹，殘破不堪的大型戰艦，我們所站立的這棟白色建築物，剛好浮立（站立）在軍艦的正上方。

我很興奮地將這重大發現告訴老爸，沒想到，他竟當場將臉拉下。「你是在告訴我，你直到現在，才曉得有一艘戰艦沉在珍珠港嗎？這戰艦叫什麼名字你知不知道？」

我坦承：不知道！

「你太不認真了。」老爸氣呼呼地說：「早交待你在出發前，先將夏威夷的旅遊資料讀好，沒想到……。」

「好了，別說了！」媽媽打斷老爸的話：「就罰他今晚留在旅館裡讀資料，不許跟我們去逛街，這樣不就可以了！」

每次出國，爸爸總是帶著指南針。

讓我和媽媽大開洋葷的潛艇，以及它浮在水面上的雄姿。

我的「珍珠港風暴」，幸好有媽媽解圍而平安度過。當晚，我首度抽出李憲章叔叔幫我們準備的夏威夷資料，才發現那一疊厚厚的紙張，還眞是頗有份量。

夏威夷，不就只是個小島嗎？不就是個度假的地方嗎？怎麼會有這麼多的東西要讀呢？

當初就因爲這樣想，才懶得看資料，幸好在出發前，我還很不情願地將它打包放進行李，否則這下事情可就「大條」了！

翻閱之後，我才明白平時所習稱的夏威夷，其實是美國的「夏威夷州」。這裡的島嶼也不只一個，總共有八座；但是，多數人

停留最久的地方，還是我們現在所住的「歐胡島」。我們所落腳的旅館，位於島上「威基基海灘區」，也是全島最熱鬧、最現代化的區域。現在，我當然也已經知道，那艘沉在珍珠港內的巨大戰艦，名叫「亞利桑那」號。

爲了「臭屁」自己努力一整夜的成績，第二天我特地在前往「波里尼西亞文化中心」途中，跟老爸討論當年日軍偷襲珍珠港時，

總是很熱鬧的威基基海灘。

不管從那個角度看去都讓人覺得很美麗健康的夏威夷女郎。

美國「亞利桑那」號戰艦沉沒的悲慘故事。末了，我還告訴爸爸，如果能搭乘潛艇到海底下，就能將沉船看得一清二楚。

「對了！」爸爸好像突然想到什麼似的說：「你雖然已經玩過不少的國

家，可是好像還沒搭過潛水艇嘛！」

接著，爸爸又轉頭問媽媽：「你不是也沒坐過嗎，等一下我就去打電話聯絡旅行社，明天讓你們兩人一起去搭潛艇。」

爸爸不去，第一是因爲他以前就搭過了；第二是歐胡島的海底沒有珊瑚礁，他認爲風景不夠精彩，不值得再看一遍。可是，爸爸也覺得坐坐潛艇，開開洋葷的感覺很值得回憶，因此積極鼓勵我和媽媽搭乘。

在夏威夷搭潛水艇，得先乘坐小船前往外海接泊。進入艙內的那一刻，我的心情有點緊張，因爲，這是我有生以來，頭一回進入一艘可以眞正潛入海底的潛水艇。

沒想到，媽媽竟然比我還緊張。當潛艇開始沉下水的時候，我還安慰她：「放心吧！已經有一百萬人坐過這種潛艇，絕對安全。」這數據，也是我讀資料時看來的。

潛艇內部的空間不大。除了一整排的椅子，最醒目的就是兩側的透明圓窗，乘客可以由窗中清楚看見海底景象。

在座艙正前方，裝設著深度計，隨著數字往上跳躍，圓窗外的風景也不斷產生變化。下潛到六十英呎，成群結隊的游魚一波波出現。大約九十英呎時，可以看見海底人工礁岩的奇景。最後在深達一百英呎的海底岩層上，我又見到折翼的飛機、擱淺的輪船……。聽說，這是潛艇公司的佈置與安排，其目的是爲了讓歐胡島的海底更具可看性。

我在速食店買到的美國熱狗。

海灘區一帶，高級飯店林立，我們一家也都住在這裡。

這趟海底之旅，最讓我困惑的是：深海底下的世界，為什麼泛著一片藍光呢？這種光線照進潛艇座艙裡，皮膚的顏色也變得非常奇怪，與陽光下的正常色彩大相逕庭。我記得曾在課本裡讀過這種現象，只是原因為何早就忘了，看來，待會回到陸地哦！不！是回到台灣後，又得好好查書了。老爸常說旅行可以驗證許多的學問，果真一點也沒錯！

潛艇巡航一圈，雖然只有短短五十分鐘，卻是我整趟夏威夷之旅最深刻的記憶。

舊金山紀事

SAN FRANCISCO

——難忘的漁人碼頭

班上同學想去美國玩，可惜拿不到簽證，只好全家改去歐洲。知道這件事後我問老爸：「美國簽證是不是很難辦？」

「的確不太容易，」老爸說：「尤其帶小孩過去，或者是全家一起走的更難。」

「爲什麼？」

「因爲，美國人怕我們一去就不回來了，也怕我們趁機將小孩子留在美國，變成小留學生，所以審察相當嚴格。不過，你不用擔心去美國的旅遊計畫會受到影響，我們都已經辦妥美國簽證了，就是上回去夏威夷，你還記得嗎？」

我當然記得，只是我從來沒將夏威夷當成美國，那距離美國本土還好遠呢。這次爸爸準備帶我和媽媽到西岸的「舊金山」和「洛杉磯」；不過，若能再前往東岸的「紐約」欣賞摩天大樓就更理想了。我早在許多電影裡見識過這幕偉大畫面，只差沒到過現場而已。

美國簽證果然順利辦成。老爸認爲：我們一家子護照上的出國記錄太輝煌，而且每次出門都按時歸國，沒留下任何不良記錄，實在沒理由不發給簽

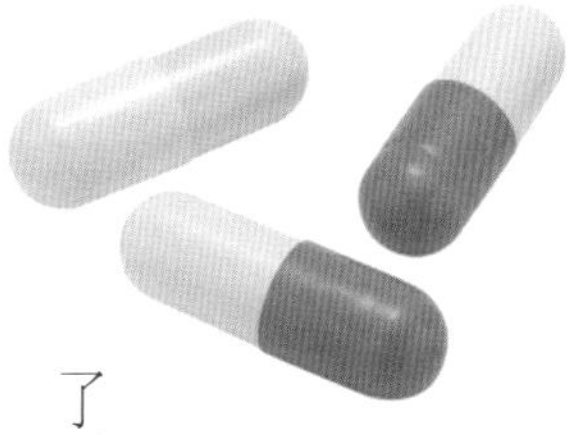

證。

無論如何，我們完全按計畫成行。在機上吃了又睡，睡了又吃，也不知過了幾個小時後，終於抵達舊金山。現在，我們就站在市區名爲「雙子丘」的山峰上，頂著強風，欣賞這座城市既美麗又特異的風光。

我曾經登高鳥瞰過許多城市的風景，但似乎都沒舊金山這般特別。映入眼前，海灣的角度曲曲折折；「山峰」高高低低聳立。那固然只是小小的丘陵，但也使整體空間變得更有層次。

市內有好些街道，根本建造在落差頗大的丘陵斜坡上。車子開下去，就好像在溜滑梯似的。也難怪許多警匪片喜歡在舊金山取景，因爲要拍飛車追逐的場面，實在沒有地方比這裡更刺激了。

遠遠的，還可以見到兩座大橋。爸爸拿出望遠鏡要我辨認——那一條是

爸爸裝在行李藥包裡的消炎膠囊。

遠望時不會覺得很大，近看卻十分壯觀的舊金山金門大橋。

「海灣」大橋？那一條又是「舊金山」大橋？

這怎麼難得倒我。於是我言簡意賅，直接切入重點回答：「紅色的，造型比較古典的是金門大橋。感覺比較現代化，看起來更長的是海灣大橋。」

這兩條橋，我們早上分別參觀過。全長二點八公里的金門大橋，走起來已經頗耗時間；至於長達十三點三公里的海灣大橋更是不得了，除了開車，根本就不可能以步行走完全程。由於該橋實在太長，橋面還分成好幾段，並利用海灣中的小島爲立足點，才將之整個銜接起來。

「你瞧！」老爸說：「方才在底下看，金門橋鋼纜粗得嚇人，可是現在看起來卻像

細線，不用望遠鏡還真看不清楚呢。唉！」

老爸嘆氣聲才出口，我和媽媽就立刻將話題岔了開來，否則這聲「唉」之後必定又是一番長篇大論的感言。說的人固然得意，可是聽者卻不容易消受得起。

下了雙子丘，老爸帶我們到市中心搭很著名的軌道電車。根據資料，這種只有一節車身的漂亮電車，早從西元一八七三年便開始在舊金山行駛。論年紀，堪稱老古董了，卻保養得光亮如新。我覺得：與我們一起搭乘的市民不多，車上那些嘻嘻哈哈，四下探頭張望的人應該都是遊客。電車一邊響起

真沒想到，海鷗和人竟可如此接近。

搭乘這種古色古香的舊金山電車，可一路行駛到漁人碼頭。

叮叮噹噹的鈴聲，一邊平穩地滑下斜坡，最後終點站是舊金山最著名的風景區——漁人碼頭。

這裡實在太熱鬧了，港口邊、碼頭上，隨處可見成群遊客攜來攘往。這兩天所逛繞的舊金山風景點，全部遊客加起來好像沒有漁人碼頭多。在媽媽強烈要求下，我們首先逛了一間規模不小的綜合賣場。那是由酒館、商店、咖啡廳、餐廳，以及露天表演舞台共同構組的大型空間，只是房子長得頗爲奇怪，造型與一般樓房完全不同。

「你看不出這是由倉庫改裝的嗎？」

老爸一提醒，我立刻覺得有點像了。既然是碼頭，當然有許多倉庫，將廢棄倉庫改裝成現代化商場，不但有賣點，還可讓空間造型與衆不同，眞是聰明的好主意呢。

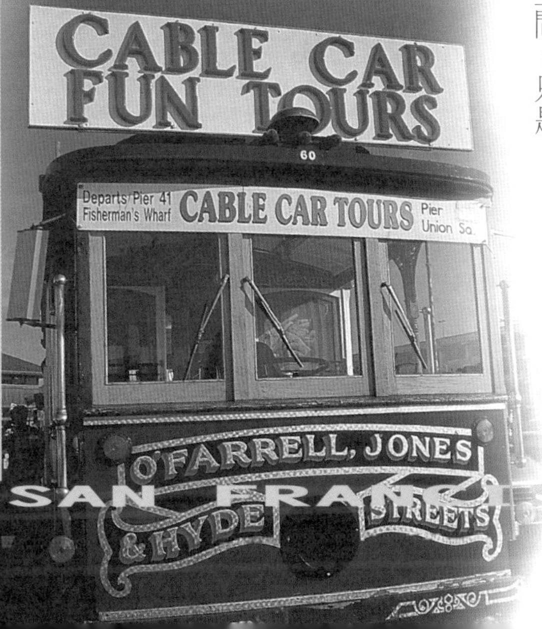

一邊看、聽露天舞台上的爵士樂演奏，一邊喝完飲料後，我們又開始逛繞漁人碼頭。走著、走著，我似乎聞到空氣中飄來一陣混合著辣椒、醬油、與大蒜的異香。雖然聞不出是什麼料理，但感覺有點熟悉。

「來！來！來！吃螃蟹了。」老爸笑逐顏開地說著。自搭機赴美以來，我還沒看他這麼興奮、開心過。「不用客氣，就先一人一隻，想要，等吃完再去買，趁熱才好吃。」

哈！有沒有搞錯，一人一隻k得完

利用舊倉庫改裝成的碼頭區商場。

爸爸認為，美國的生啤酒，味道並不像台灣啤酒那麼樣的「青」。

嗎？這些攤販所賣的美國螃蟹，就算是最瘦弱的後腳，也都比台灣螃蟹的前腿大。我真不相信自己和媽媽都能順利吃完。

可是啃完第一隻腳後，我立刻改變看法——因爲味道實在太正點了。結果我們三人總共吃下六隻螃蟹（當然還是老爸吃最多），吃完還覺得意猶未盡呢……。

帶著蟹肉的餘香，我們搭乘黃昏出航的遊輪逛繞舊金山海灣。天空，不時可見成群海鷗隨船飛舞；海面上，金門大橋與海灣大橋宛如兩道跨越天際的長虹，和不斷流晃的海水相互輝映。海灣裡的夕陽好美。在黃昏光影裡，舊金山一切景物都美好得無法言喻呢！

洛杉磯紀事

——是鄉村，也是城市

玩過舊金山，下個旅遊目標是美國西岸的另一座大城市——洛杉磯。我原以爲：老爸會租一部車載我們去；或者搭乘跟台灣國光號客車長得一模一樣的「灰狗巴士」。怎知，竟然得搭飛機。

「眞的有那麼遠嗎？」我問：「在地圖上看，洛杉磯還蠻近的嘛！」

老爸笑著回答：「以美國土地的廣大來說，從舊金山到洛杉磯的確不怎麼遠。開車過去，大概只需十個鐘頭吧！」

我的天，那不是等於從台北搭車高雄，然後又馬上折回台北嗎！算了，還是搭飛機省事。時間就是金錢，不是嗎！

到達洛杉磯機場，老爸的好朋友——王叔叔已經開著車過來接我們。這個人早在四、五年前移民美國，聽說一直「混」的不錯。由於對方一再熱烈邀請，老爸這回破例不住旅館，而是要住進他家裡。

「王叔叔家有那麼大嗎？」出國前我就問過老爸：「住起來會不會不方便？」

「聽說有五個房間，後院還有私人游泳池，這樣你滿不滿意呢？」

這當然不錯。可是來到現場，更叫人滿意。因爲，連我都分配到一個房

間，不必像住旅館那樣，跟爸爸、媽媽擠在一起。

參觀過整棟房子後，我不免好奇：這麼寬敞的兩層樓別墅，得花多少銀子才買得起？

我還在估量，媽媽就已經開口問起。王叔叔笑著回答：「其實只花了將近一千萬的台幣，比你們在台北住的公寓還便宜！」

這眞不公平，同樣的錢，爲何在台北只能買下三十來坪的小小舊公寓，可是換成美國洛杉磯，卻能買到將近百坪的新式大別墅呢？我想，主要差別在於這裡面積實在太大、人口又少，土地不像台北那般昂貴的關係。

洛杉磯到底有多大呢？它的區域總面積爲七千兩百平方公里。約略等於台北縣市，再加上基隆市、桃園縣、新竹縣的總和。也就是說，當你從基隆開車出發，一直到抵達新竹之前，所看到的地方都叫做洛杉磯。

看不到雞頭與雞腳的美國烤雞。

地大物博的美國，飯店的規模與排場也是大的十分驚人。

如此廣闊的一片土地，當然就不可能完全建設成像台北這樣的「城市」模樣。事實上，所謂洛杉磯，根本是由一百來個「衛星城鎮」所共同組成的結合體。我們所熟悉的「好萊塢」，住著很多台灣移民的「蒙特利公園市」，或者是王叔叔住家所在地的「橘郡」，都只是其中之一。而且一走出衛星城鎮，景觀馬上變得很鄉村，甚至是變得很「郊外」，連樹林、山丘、沙灘、海水……都可能見到。

有一回和王叔叔去烤肉，老爸幫我

在這種有山有水的郊外拍了幾張照片。我拿給台北的同學們看，告訴他們這就是洛杉磯。沒想到，看到的個個質疑：「怎麼可能？」、「爲何跟電影所見到的差那麼多？」

甚至還有人問：「洛杉磯不是一座城市嗎，這裡根本就像國家公園嘛？」

我絕對能理解他們的懷疑。記得王叔叔從機場載我們到他家時，望著高速公路外一點都不像城市的風景，我也曾很認眞地問過老爸：「我們眞的已經到了洛杉磯嗎？」

現在我已經非常清楚，這裡就是這樣。看起來像城市般熱鬧的地方，只

美國人，很喜歡用木頭來建造房子。

王叔叔家裡所用的美國垃圾桶，上蓋完全密封，臭味一點也不外漏。

占洛杉磯很小很小的一部分而已。

在此旅遊，最叫人受不了的就是不管上那都得自己開車，而且通常得開很久。沒有車的人，在洛杉磯就好像沒有腳一樣，好像那裡都去不了。

我計算過，從王叔叔家去到拍電影的「環球影城」，足足花了一小時又十分鐘；去很刺激的遊樂園——「六旗魔術山」則用掉兩小時又十五分鐘；去聖地牙哥「海洋世界」花了將近兩個小時，而開車去賭城「拉斯維加斯」則花了五個小時，真的是每一個地方都萬般遙遠，聽說，要是遇上高速公路塞車，多久能到都不一定。

唯一離王叔叔所住的「橘郡」較近的地方，好像只有「狄斯耐樂園」，這也是從小就朝思暮想，最希望能夠前往的地方。

不過，我已經長大了，大到進入狄斯耐樂園後，感覺裡面好像有一點「幼稚」，覺得自己似乎有點「超齡」。我不能說裡面不好玩，可是如果能早些年前來，例如在我唸小學的時候就能夠來這裡，一定會覺得更加好玩。

在樂園內的購物商店時，媽媽見到米老鼠的帽子就問我：「要不要買一頂來戴呢？你小時候的最大願望，不就是戴上這種帽子在狄斯耐樂園裡玩上一整天嗎？」

我笑著拒絕。天知道戴上這種耳朵

狄斯耐樂園的房屋，頗具卡通效果。

已經超齡的我，坐上這樣的卡通火車，感覺有一點無趣。

長在頭頂上的圓帽子，會有多滑稽啊？就留給小孩子戴吧！這就像我看到許多小朋友們爭相排隊要和小熊維尼、高飛狗……等卡通明星拍照一樣，已經長大的我實在一點興趣也沒有，把機會留給他們吧！

京都紀事之一
——庭園雅趣多

京都紀事之二
——古廟有名堂

東京紀事
——會不會是以後的台北

箱根紀事
——最想重遊的地方

日本

JAPAN

KYOTO 京都紀事之一

——庭園雅趣多

在京都停留五天，幾乎每天都在看廟。這些廟宇，不但數量眾多，規模更是龐大。眞沒想到，日本人信佛，竟然信到如此虔誠。

「你弄錯了。」老爸立即澆我一盆冷水：「我們並不是都在看廟，其中有佛寺，也有神社。神社裡面所拜的可不是佛，那是日本人所獨有的特殊信仰方式。」

哦，是嗎?佛寺、神寺有何差別，對我而言並不重要。反正老爸帶我們進去參觀時，也從未撚香祭拜，或是捐獻香油錢。通常，我們只是走進寺廟（或許應該加上神社），去欣賞裡面的「庭園」而已。

日本人的庭園，的確和中國不一樣。這些天，我們雖然也參觀了好幾座擁有小橋流水、庭台樓閣，很像「至善園」、「雙溪公園」的園林，但更多時候，所見到的是名爲「枯山水」的日本庭園。那裡面，既沒有栽種花朵，更見不到庭台、樓閣、流水、瀑布……等。以前，光聽老爸口頭描述風景的我，很難相信沒有這些東西，也能佈置出一座庭園來。

抵達京都的第一天，枯山水庭園的謎底就在我的面前揭曉。當日，參觀的地方叫做「龍安寺」，據說是日本枯山水庭園的代表作品。這座庭園，大

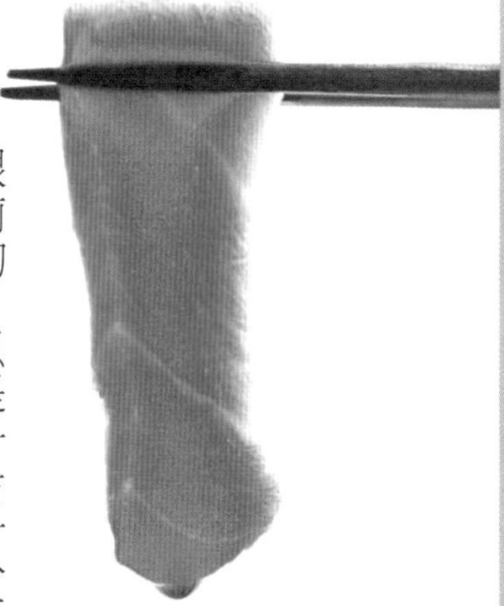

概只有一間房子那麼大，面積遠比我想像的小，毫無開闊感。

說起造景的元素，那就更奇妙了。擺在眼前的，只是一片十分平整的白沙；沙石上面，疏疏落落地堆放了幾顆大小不同，也缺乏排列規則的石頭。再觀看仔細些，我又發現：白沙上面，畫著淺淺的紋路，而部分石頭，也長著一些苔鮮。全部就只是這樣而已。

「這算那一門子的庭園？」

因爲看不懂，我便大聲嚷嚷起來。老爸立即出聲制止：「在這種地方，說話聲音不能這麼大。你瞧，別人不是都很安靜的在欣賞嗎，你這樣心浮氣燥，怎麼看得出名堂！」

說完，老爸終於開始解釋：「這片白沙，代表海洋；這些石頭，代表了

鮮度保證是第一流的日本生魚片。

即使只是一個庭園裡的小角落，日本人依舊是很費心地佈置。

島嶼與山丘；沙上的細紋，代表一陣陣的波浪；那些苔蘚，就是島嶼上的樹林。簡單地說，你所看到的枯山水庭園，所表現的就是這大千世界的眞實風景。」

經老爸這麼一說，我似乎懂了些。再細細看望過去，又好像是有那麼一回事。慢慢的，慢慢的……，小小的庭園在我眼前膨脹起來，變得好大好大，那是一種無法以「面積」去衡量的大，眞的就像大千世界一樣。原來，枯山水庭園的奧妙在此。

一直安靜欣賞園景的媽媽，這時也說話了：「數數看，庭園裡有幾顆石頭？」

啊！這麼簡單的算數，媽媽爲何要我數

數看。懷疑歸懷疑，我還是數了。一、二、三、四、五……，總共是十三顆石頭。

沒想到，媽媽竟然要我換個角度再數。我很無奈，但還是數了。結果，這次竟然數出了十四顆。爲什麼呢？我馬上發現，這是因爲「觀看」的角度改變後，有些小石頭被大石頭給擋住了，因此數目不同。

「這裡總共有十五顆石頭，可是不管你從那個角度數，也數不到十五顆。」老爸說：「幾百年前，日本的造園大師建造這座庭園，就是要告誡世人，就算是你親眼所見，也不一定就是眞

這便是最著名的龍安寺枯山水庭園。

據說，銀閣寺的銀沙灘，在反射月光的時候最是美麗。

的。現場，分明有十五顆石頭，可是你絕對看不到那麼多。」

眞沒想到，小小的一座枯山水庭園，除了可表現出大千世界外，還具有此等深奧的意涵。我原先實在對它太失敬了。

除了龍安寺的石庭外，我們還參觀了銀閣寺內，用白沙堆砌成的「銀沙灘」，與很像一座小山的「向月台」。據說，這樣的設計，就是爲了讓白沙反射月光，以增加景觀的美感。

走出寺外，我問老爸：「記得家裡面有一本名叫金閣寺的書，怎麼到了京都，卻變成銀閣寺，是不是作者弄錯了？」

老爸一聽，立即大笑出聲。回答問題的是媽媽：「這根本是兩個不同地方啊！我們明天

以石為橋的京都平安神宮庭園。

就會去金閣寺。」

剛巧，媽媽這回也將金閣寺的小說帶來京都，當下立即要我回旅館閱讀。當晚挑燈夜戰的結果，讓我對「金閣寺的美」充滿嚮往，可是隔日實地欣賞，卻不覺得它眞像作者「三島由紀夫」所描繪的那般迷人。小說家的筆下功力，果眞不簡單。

不過，京都的確有座讓我十分著迷的庭園，那就是平安神宮。這地方，依造景、方位的不同，共分成四大區域，分別取名爲：東、西、南、中四神

爸爸的這架傻瓜相機，拍出許多我們在京都旅遊的照片。

苑。四區環環相扣，讓風景一氣呵成的接連下去，行走起來，確有「尋幽訪勝」的感覺。

其中，我最愛中神苑的「蒼龍池」與東神苑的「西鳳池」。前者，以散落的石塊爲橋，過橋時叫人走得膽顫心驚，但又樂趣無限。後者，則是在寬闊、幽雅的湖面上，架設一座閣樓型的橋樑，乍見之下，眞有「驚爲天人」的美感。

這兩座神苑，在風景佈置上都比較像中國的江南園林。固然，日本的枯山水庭園確有它不凡之處，但我還是比較喜歡咱們中國的園林風情。

KYOTO

京都紀事之二

——古廟有名堂

老爸誇下海口，保證這趟京都之行，可以讓我和媽媽見識到台灣所沒有的寺廟景觀！不過，我總覺得他的話有些誇張。

在台灣出生、長大的我，由南到北，大廟、小廟都不知見過多少？再怎

麼說，「廟」就是長得那個樣子；眞要有些特色，也是大同小異。難道京都的廟，可以變出其它名堂？

爲了避免漏氣，老爸非常愼重地安排京都賞廟之旅。當天參觀的第一處目標，名叫「三十三間堂」。老爸似乎對這裡很有信心；但是，從廟的外觀評斷，我實在看不出任何特別之處，眞不知老爸的信心從何而來？

進入大門之後，我更是滿腹狐疑。先別說「三十三間堂」這麼怪異的名字了；來到殿內，我們都只是在小小的通道裡彎來繞去，放眼四週，連一尊佛像也沒見著。如果，連佛像都沒有，能稱做「廟」嗎？這我可不同意！

「你先別急！」老爸說：「要看佛像，等一下保證多得讓你數不完。」

說著，說著，我們已經從通道上，轉進一間光線幽暗的廳堂。裡面的空間夠大，縱深更是綿長。房屋正中央，排列成長條階梯狀的祭壇上，果眞供奉著密密麻麻的佛像，而且全部都是漆成金色的觀音大士像。黑暗中，突然

望見這許多金色菩薩平行排列的壯麗場景，的確叫人震驚！

這裡到底有多少菩薩呢？

據說：總共是一千零一尊。除了中央那尊「千手觀音」特別巨大外，其餘的每一尊，差不多都有正常人一般的大小。從細緻的雕工、陳舊的木色，以及斑斑駁駁的金漆看來，我認爲這些菩薩，應該都有相當的年紀……。

「你的眼光還不錯嘛！」老爸說：「這些觀音像已經在這裡

京都的古廟幾乎都是用木頭建造。

媽媽喜歡這只清水燒瓷碗，爸爸則是對裡面的日本米飯讚不絕口。

安置了八百年，它們不只是佛像，更是藝術精品，是日本政府指定的國家重要文化財產，價值之高，無法估計。」

祭壇上的觀世音佛像，很整齊地排成八大列。每列長度，至少有一百公尺。面對這般浩大、莊嚴的菩薩陣容，我想就是無神論者，也會油然升起對宗教神佛的敬畏之心！

眼看「三十三間堂」一舉征服了我和媽媽，老爸很開心地帶我們去參觀京都的第二所古廟——化野念佛寺。車上，爸爸志得意滿地說：「剛才是見識千尊觀音的神奇，現在，可要讓你們體會萬名孤魂野鬼的威力。」

這種話，聽起來怪嚇人的。到了現場，我發現老爸並沒說謊，這座化野念佛寺，氣氛的確古怪；尤其是廟前那一大片供養孤魂野鬼的石頭墳區，更叫人看得是毛骨悚

然。現場那種詭異的景象，眞不知如何形容才好。

「這一帶，千年前以來就是埋葬無名屍體的地方。」老爸說：「後來，善心人士覺得這些孤魂野鬼太可憐，就將他們集中起來，並蓋了這座化野念佛寺來超渡亡靈。你們所見這些石頭，就是以前散落各處的墓碑，總數大約有一萬個吧！」

不曉得是山區天氣多變，還是這裡實在邪門。當我們進入墳區時，太陽忽然被烏雲遮蓋，天空立即變黑，接著就下起大雨。我們一家人，只好匆忙離去。

現在，千尊菩薩的排場見過了，萬座石頭墓碑的陣仗也領教了，我想，老爸應該再無「法寶」。誰知還有呢，爸爸所安排的第三處參觀目標，叫做「伏見稻禾大社」，據說，那裡擁有一萬座紅色牌坊，連續排列成四公里長的奇妙景觀。

緊密靠站的伏見稻禾大社的紅色牌坊，多得叫人數不清。

到了現場，我和媽媽都只走了百來公尺，便不想再走下去。老爸倒是興緻勃勃，一再激勵我們：「再走一點嘛，只要爬上那座山就好，難道你們不想登高欣賞——像長龍盤繞整座山頭的牌坊景觀嗎？」

「算了！這樣就可以了。」這是我和媽媽的一致答案。

這次京都賞廟之旅，老爸眞是意氣風發、神采飛揚。每一天，他都迫不及待地帶我們去參觀各種各樣的古廟；來到現場，還逐一詳加解說，就怕我和媽

媽看不出名堂。

在老爸熱情的導遊下，我們見識了「清水寺」那座搭在半山腰的本堂舞台；欣賞了「東寺」境內，全日本最高的五重寶塔；走過了「東福寺」溪谷上空的通天橋；更體會到所謂「禪宗」寺廟，那種帶有中國宋代遺風的建築模樣……。

京都的寺廟景觀，的確和台灣不一樣。

就拿距離我們所住的旅館最近，前往次數也最多的「東本願寺」來說，整座大廟內，四處可見群鴿盤繞飛舞；記得我所到過的台灣寺廟，就沒有這樣的景象。

而且，東本願寺的大殿，整個都是木頭搭建的（據說是京都最大、最古

由下往上仰望東福寺的通天橋。

比較可愛且比較像卡通影片裡長像的一休小和尚銅像。

老的木造建築），赤腳走進裡面，不但可以接觸木頭紋理的清涼質感，空氣中還可聞到古老木頭的芳香。這又是在台灣欣賞廟宇時，很不容易得到的特殊感受了。

最後，老爸還帶我們去了「一休寺」。沒錯！這就是卡通影片裡，那位既聰明又可愛的一休和尚所主持的古寺。這座廟的規模不大，建築也不算精美，但訪客依舊絡繹不絕。我想：「山不在高，有仙則名，水不在深，有龍則靈」，大概就是對一休寺最好的形容吧！

TOKYO

東京紀事

——會不會是以後的台北

總共我只去過那麼一次東京，那是在玩過「京都」以後的事情。在這裡，我必須很驕傲地告訴各位，我可不是搭飛機前往東京，那太稀鬆平常。我所乘坐的，是「新幹線」這種時速超過兩百公里的超級火車，一路從京都「飛奔」到東京。

如果你問我：這樣的速度坐起來是什麼感覺？我只好很遺憾地告訴你：沒有感覺！因爲，日本人把新幹線建造地太平穩舒適，讓我原本期待的那種搭乘「雲霄飛車」似的快感，從頭到尾一刻也沒感受到。

說到沿途的窗外風景，那就更遺憾了。因爲它的速度實在太快，快到連鐵道旁的電線桿都看不清楚。

我把搭乘心得告訴媽媽，她笑著問我：「既然有這麼多遺憾，你還有什麼值得驕傲的地方？」

我理直氣壯地回答：「至少我坐過啊！而且是在台灣的高速鐵路，連那年那月才能完成都不清楚的時候，就已經預先搭過這種超級火車。這當然值得記上一筆。」

縱觀全程，我認爲搭新幹線最有「感覺」的是老爸，他似乎非常心疼這

趟從京都到東京的火車錢，沿途不時嚷嚷：「好貴！比搭飛機還貴！」據說，我們一家三口的票價合計將近一萬五千元新台幣，眞希望以後台北到高雄的高鐵，票價別如此嚇人。

結果，我們只花了兩個多小時，便從京都抵達東京。這兩個地方雖然都是日本著名城市，可是看起來卻有很大的不同。例如：京都人少車少，道路上清清爽爽的；東京卻到處人潮洶湧，而且很容易塞車。在京都四處可見的寺廟神社，在東京就不容易看到，代替它們的是百貨公司與購物中心。總而言之，京都那種古老的氣氛，在東京幾乎整個不見了，變成很新潮現代的感覺。

快速奔馳中的新幹線火車。

日本與台灣的時差是一個小時。當日本的鐘是十點時，台北才只有九點。

以上所見所聞，在我從東京火車站搭計程車到位於「新宿」的飯店路途中，便已充分感受。我想，東京的其它角落，大概也差不多是這個樣子吧。

下午，老爸帶我們從新宿車站搭上名爲「山手線」的捷運逛繞東京。我本以爲：它會像地鐵一樣的鑽進地下，沒想到全程一個多小時，竟然都在地面上行走，很適合欣賞風景。

車上，老爸得意地告訴我和媽媽：這是最便宜划算的東京旅遊方式，因爲採取「環狀」循環的山手線，最後總是會再開回你原先上車的火車站，因此不管搭多久，搭多少趟，只要從原先上車的地方走出來，最後只需付一站的票錢就好。

爸爸說的得意，我心中卻暗叫不好。想必上午那趟新幹線，讓父親荷包嚴重失血，因此開始精打細算起來。我想這三天的東京行程，大概無法再像京

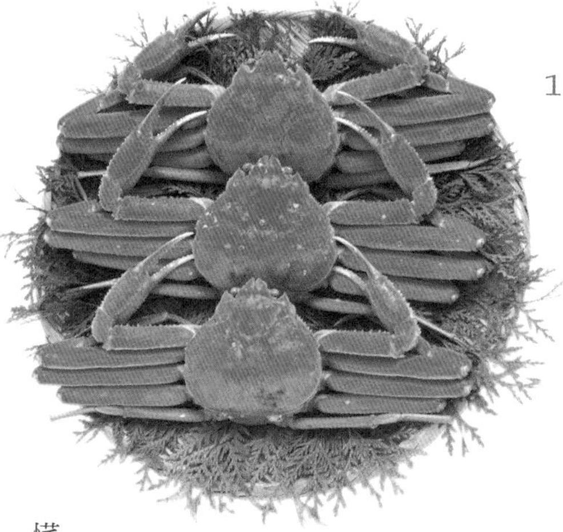

都一樣每天坐計程車了。

果眞，我們的東京之旅，再也沒有搭上任何計程車，每天前往各地，所搭的一律是山手線與地下鐵。後來，我也漸漸瞭解，這樣做除了省錢之外，時間上更是結省許多。如果懂得利用山手線與地下鐵，東京幾乎沒有你到不了的地方。

三天逛繞下來，我突然對東京有了一個很奇怪的印象。我覺得：它好像不是一個完整的，有著明顯版圖的大都會，而是由許許多多的捷運車站爲中心，自成一區，各有各的發展，也各自獨立存在的地方。

例如：我知道走出「上野」車站，就有很大的一片公園與許許多多的博物館；走出「秋葉原」車站，到處都是販賣電氣用品的商店；「池袋」車站

連螃蟹都得在盤子裡擺成這幅模樣。

從餐廳的櫥窗，就可將待會你想點的食物模樣看得一目瞭然。

的前前後後，矗立著超級巨大的百貨公司；「銀座」車站四週，都是非常熱鬧高級的購物街道……。

這些我都很熟悉。可是在上野與秋葉原之間，在銀座與池袋之間……到底長得什麼模樣？街道是什麼樣子的？我完全沒概念。因爲一切行走、遊逛的起點，都是從捷運車站開始，最後再走回捷運車站，搭車去另一個站。

我將這種感覺告訴媽媽，她很好奇地問我：「你在其它城市也搭過地下鐵，爲何沒有相同的感覺呢？」

仔細回想，我覺得那是因爲在其它地方

搭地鐵的次數，遠不如東京這般頻繁、密集的緣故吧。

一直到離開東京的當天，爸爸才帶我們去遊逛飯店所在地的「新宿」。越過車站，我們一路走到東京市政府所在地。這附近，矗立著一棟棟造型摩登的大樓，街道上，也規劃著行人步道，和擺設雕塑品的廣場，全區的感覺十分現代化，也充滿著和諧的秩序感。

爸爸說：「這裡就像台北信義計畫區，只是我們的還沒完全蓋好而已。」

就是在這一刻，我突然覺得自己所

站的地方，好像不是東京，而是台北——也就是信義計畫區已經蓋好完工的台北，一切捷運都已經通車的「未來」台北。

我想：以後的台北，眞的可能變成東京這種——以「捷運車站」爲主體的城市模樣。至少，那些已通車的捷運站附近所形成的新商圈，給人的感覺已經有點像了。

日本小學生的修學旅行，就是到各地去參觀遊覽。

箱根紀事

HAKONE

最想重遊的地方

經常有同學，甚至是長輩問我：「你去過那麼多國家，覺得那裡最好玩呢？」

關於這點，我實在說不上來。因爲，就算當時覺得再無聊的地方，事後仔細回想，也都有它的可愛之處。其實，我也問過李憲章叔叔同樣的問題。已經跑過五十多個國家的他，依舊無法找出確切答案。

「每個國家、每座城市的特色都不一樣，旅遊時的心情也會一再變化。」他說：「好不好玩，該怎麼比較呢？」

有一天，我在報上看到某篇文章，其中問到：如果重遊舊地，你最想再去那裡？

從這樣的思考角度出發，我倒是有可能找出答案。千挑萬選比較，最後雀屏中選的是日本「箱根」，回想當時所見所遊，我覺得那裡的確是我最想再去重玩一次的地方。

箱根位於日本的中部，距離首都「東京」約一百公里。這地名所含蓋的範圍，不單是指某一座城市、某一處風景區，而是像南台灣的「墾丁」那樣般廣大的區域。裡面包括一座形狀略顯狹長的湖泊，許許多多層層疊疊的山

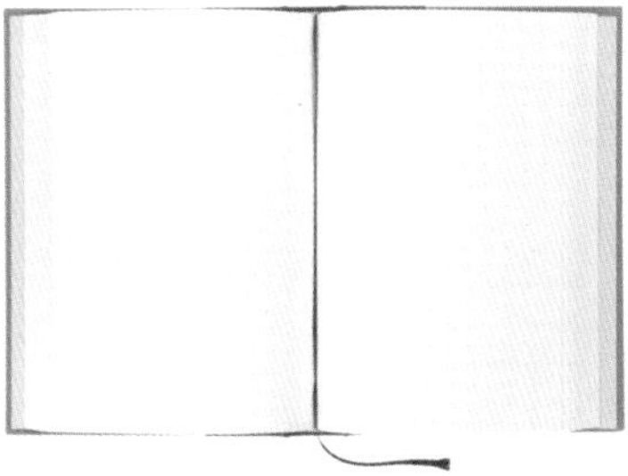

脈，和大大小小的城鎮鄉村。我們是在逗留東京的假期裡，特別抽出一天到箱根旅行。

「箱根可以看的東西那麼多，只用一天夠嗎？」記得當時，媽媽就對這種安排產生疑惑。不過，老爸倒是斬鐵截釘地認定：雖然趕了些，還是走得完。

他說：「反正現在也不可能訂到在當地過夜的旅館，我們就早早從東京出發，再晚點回來就是了。」

當時玩得如此之趕，很多地方都在意猶未盡時不得不離開……；或許這正是讓我特別想要重遊箱根的主因吧！

當天，我們六點半就從東京的「新宿」出發，搭火車前往箱根的「小田原」。抵達後，連火車站都沒走出，就在原地轉換一種名叫「登山電車」的小火車。

日本文具給人的感覺就是精緻美麗。

綠油油的大片草坪，就是各種雕刻作品的最佳背景。

與此類似的火車，我倒是曾在阿里山坐過。眾所周知，一般火車只能在平地行走，無法爬上山坡；所謂的登山電車，就是專門爲爬山而設計。可是它也沒有夠力到可以一路衝上山頭，而是將鐵路設計成「之」字型，曲曲折折，一會前進、一會又倒退地慢慢爬上去。由於車速不高，欣賞風景倒是十分方便。

現在正是日本的夏天，林木茂盛的箱根山區，四處可見濃密的綠意。當火車靜止時，除了鳥兒啾啾的叫聲之外，我彷彿還可聽到一陣陣的夏蟬鳴唱，從

林蔭深處傳出呢。

沿途，登山電車已經停了好幾站，可是我們都沒有下車，此刻所要前往的目的地，是距離終點站不遠，名爲「雕刻之森」的小站，該地擁有全日本排名第一的戶外雕塑美術館。

擺在戶外的雕塑品，我見多了；可是擺設數量如此之多，水準又如此整齊，同時還能兼顧造景需要，讓雕塑作品與當地青山綠草完美融成一體者，以前倒沒見識過。像這樣大的野外場地，至少得花半天或一天來細細品味，可是爲了趕火車，我們只用了兩小時就遊賞完畢，如今愈想愈覺得可惜。

更叫我惋惜的是：好幾座超大型的遊樂雕塑，只允許小學生爬上去（包括爬進去）遊玩。我這國中生，只好站在旁邊乾瞪眼，心中羨慕的要命。

那是向來希望快快長大的我，第一次寧願自己的年紀可以變得小一點……

這一碗飯菜，售價是七百日元。

漫步在箱根的小鄉小鎮裡，空氣所給人的感覺是無比清新。

……。別以爲我這樣很神經，因爲那些奇形怪狀的雕塑看起來實在太有意思，就連已經是大人的老爸，也很想爬進去「插花」湊熱鬧呢。

登山電車終點站「強羅」是座很幽靜的山中小鎮，也是我們一家人享用午餐的地方。我記得資料上寫著：附近有座規模頗大的熱帶植物園，便問老爸要不要去？

他說以前就去過了，裡面實在是沒有什麼。「我們要去其它更好玩的地方。」老爸說。

是不是這樣？我沒有機會體驗。可是前往每個地方的交通工具都十分地別緻，能夠坐上它，就已經稱得上「好玩」。

首先，我們坐了一種車身是斜的，可是車廂內部卻像一格格樓梯般，每列座位均有高低落差的火車，爬上很是陡峭的「早雲山」。到了之後，又換上小纜車越過山谷，直奔山腳下的「蘆之湖」。最後，再從湖邊搭乘古色古香的「海盜船」，穿越湖面前往名叫「箱根町」的湖濱小鎮。

很像樓梯般的登山電車很好玩；裝飾得金碧輝煌的海盜船更好玩；至於小小的，每部只能容納六人乘坐的纜車，就只能用「超級好玩」來形容。

記得當時，纜車之內只載著我們一家三口，當它滑離月台，一個勁兒地

真的是很好玩的箱根纜車。

一到假日，就有這麼多的遊客前來搭乘很有名的箱根海盜船。

往上升吊，愈爬愈高時，我的心已經興奮莫名。沒想到一越過山頂，纜車的走法更叫人屏息——它不是往下走，而是凌空跨越深達一百五十米的山谷。往下眺望的高度刺激，可以把雲霄飛車給比下去。

纜車總共坐了將近半小時，也讓我從空中更清楚地看見箱根一帶山光水色的美麗。到了搭海盜船時我已經充分明白：箱根的好玩，其實不只在於每個風景點，光是前往景點的各種特殊交通工具，就可叫人玩得非常過癮。

奧克蘭紀事
——住在一座農莊

黃金海岸紀事
——好一處天堂樂園

芬瑟島紀事
——地球最大的沙島

大洋洲

OCEANIA

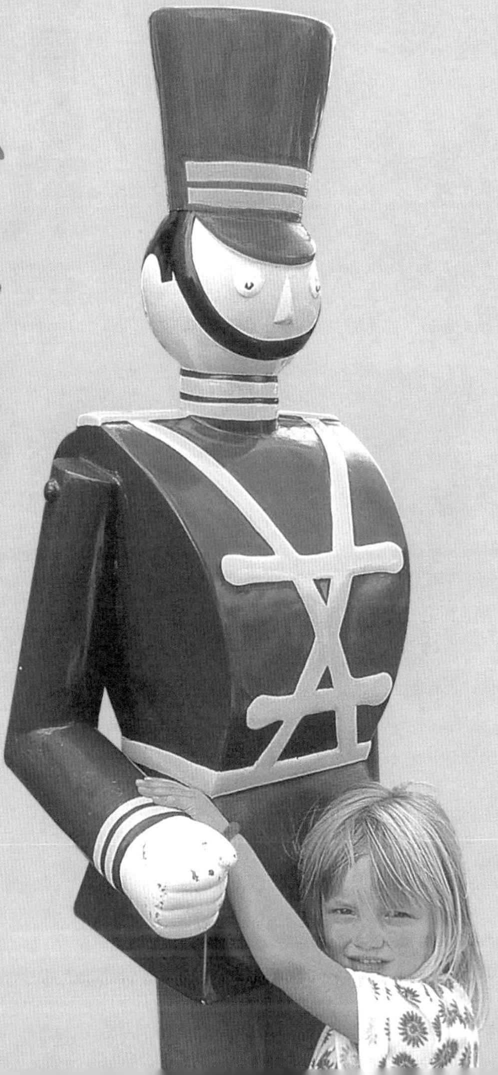

奧克蘭紀事

OAKLAND

——住在一座農莊

各位知道「奧克蘭」在那裡嗎？

它是紐西蘭的首都，離台灣很遠很遠。從桃園的中正機場搭乘波音七四七飛機過去，大概要飛行十個鐘點。

我們一家人，是在寒假前往奧克蘭旅行。出發的前一天，台北剛好有寒流過境，天氣相當冷。我看看地圖，發現紐西蘭離「南極」不算太遠，天氣只怕更冷，便將毛衣、厚夾克、圍巾、手套，一股惱地塞進去，弄的整隻皮箱漲鼓鼓的。

這時，老爸剛好進我房間詢問行李整理的如何？看到我那隻特大、超重的皮箱，大大吃了一驚：「你究竟帶些什麼啊？」才說著，就打開我的皮箱翻看。下一秒鐘，他的表情相當奇怪，接下來竟笑彎了腰：「有沒有搞錯，帶這些厚衣服，現在的紐西蘭，可是夏天啊！」

「啊！夏天？」我腦中空白，不明白爲什麼會是夏天？幾十秒後，我突然懂了：紐西蘭位於南半球，春夏秋冬跟北半球的台灣完全相反。如果我們這裡是寒冷的冬天，那邊當然就是炎熱的夏天了。

我不禁暗罵自己笨。還在老爸面前出糗。大概是這回的旅遊主題太吸引我了，才興奮地「難得糊塗」起來。

幾天前，老爸就向我們宣布：「這回去紐西蘭，我們不住旅館，我們要住的是農莊。」

我趕忙發問：「是那種有牛、有羊，又有一大片草地的美麗農莊嗎？」

老爸回答：「是的。」當下，我即刻歡呼起來。住在農莊，在青草地上與牛羊爲伴，這不是我嚮往已久的「桃花源」式

這是我們一家所住的農莊入口。

生活嗎？現在終於可以美夢成眞！

飛機抵達奧克蘭後，老爸立刻租了車子，帶我們一家人前往事先預訂的農莊。車程本來就遠，再加上爸爸不熟路徑，結果竟然開了兩個多小時的車

農莊主人養了幾千隻的綿羊，可是山羊總共就只養了這一隻。

子，才找到農莊的門牌號碼。

這裡，已經是奧克蘭很外圍的郊區。四下幾無人煙。農莊大門，做的相當簡陋。事實上，只是在低矮的木柵欄上開個大口，立上兩根柱子。左邊的柱子掛著燈，右邊的柱子釘著信箱與門牌號碼，中間根本就沒有門。至於門內，也沒見到房子，只是綿延著一大片，不知有多寬廣的草原。

「這就是我們要住的地方嗎？」媽媽問。

「這是李憲章住過，特別推薦的農莊。」老爸說：「我想總有它的特色吧！」

由於找不到電鈴，我們只好將車子往大門裡面開。這一開，又足足開了將近半個鐘頭，沿路（其實並沒有路，我們一直在草原上開車）總共通過

三道柵欄，也見到幾千頭乖乖吃草的綿羊。

當車子好不容易來到房子前的停車場，農莊主人已經等在那裡迎接我們了。那是一對身體都相當結實、硬朗的老夫妻。在自我介紹過後，老爸首先詢問：

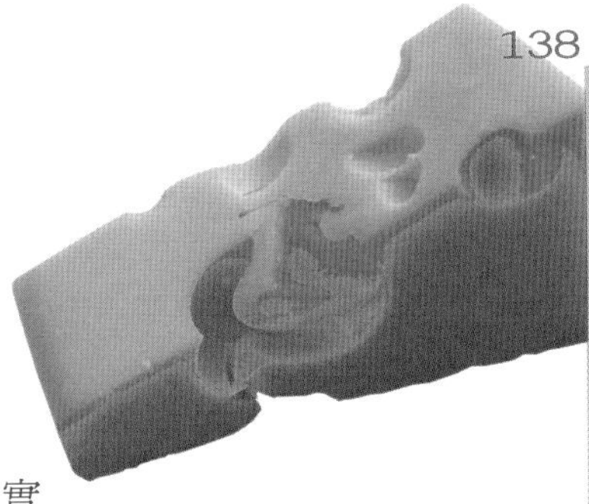

「你們家的土地，到底有多大？」

問的好，我也是迫不及待想知道。方才一路開車過來，我們都爲這座農莊的廣大面積驚嘆不已！雖然爸爸車速不快，可是從大門口行駛到房子，竟然也花了將近二十分鐘。這實在太誇張了，要不是親身經歷，當眞叫人難以想像。

誰知，老先生的答案更誇張。原來我們才走了不到一半的路程，向左延伸到森林，往後一直退到房子後面的丘陵，都屬於農莊的範圍呢。我趕忙換算面積，算算竟然有三分之一個台北市大。台北住了兩百多萬人，而這裡只

有些乳酪，味道實在是不怎麼樣。

農莊裡的綿羊，整日悠悠哉哉地生活在屬於牠們的草地上。

住著老夫妻兩人，所謂「地廣人稀」，就是這麼一回事吧。

住農莊的感覺，確實和住旅館不一樣。鋪床疊被，打掃房間，樣樣都得自己動手。但是比起這對老夫婦，我們的工作實在很輕鬆。他們，總是一大清早起床，男主人立即開車到農場內工作。都在農莊內做什麼呢？包括擠牛奶，剪羊毛，到附近的小鎮採買或送貨，修補房屋與柵欄。而女主人則是整理房屋內外的環境，並料理一日三餐。

農莊裡的綿羊將近六千頭，就算每天應付二十頭，一年也就這麼過去了。再加上羊群散佈在這麼廣大的地方，要追、要趕、要

捉，還得開車往返於農場各地……。難怪他每天看起來總是有這麼多的事在做。我也是後來才知道，原來我們所住的房子，也是男主人自己親手蓋的。不過那已經是好多年前的事情了。

農莊生活，最令我難忘的是在這片大自然裡，以及和各種動物親近相處的快樂時光。每天一大清早，就有一群海鳥飛到農莊前面，爭相恐後地搶食主人所拋灑的穀物；等到太陽升起，站著睡了一夜的羊群，也開始動作了。不過，牠們倒不需要像海鳥那般的急切匆忙，因爲這一片原野，長著牠們一輩子享用不盡的青草大餐。

我曾在農莊的樹林裡，見到一點也不怕人的松鼠。聽說，牠們也是農莊裡的長期住戶。我也曾經和農莊的主人，一起去擠過牛乳。很簡單，只要在牛的乳房上輕輕抓一抓，白色的牛乳就像自來水一般地噴灑出來。

其中，唯一讓我不能認同的就是剃羊毛。分明是頭肥肥壯壯，很有派頭的綿羊，不到幾分鐘時間，就變得光禿禿、赤裸裸，而且個頭立即縮小了好幾號，看起來楚楚可憐。

從紐西蘭回來後，我對農莊的嚮往不變。不過，我可不要擁有土地太大的農莊，更不要養那麼多牛羊，否則，工作會多得永遠做不完！

要是我家後院，也有這樣的一片風景就太完美了！

黃金海岸紀事

——好一處天堂樂園

GOLDEN COAST

世上眞有天堂嗎？

如果你問我，我會告訴你——有的！那天堂就在澳州的「黃金海岸」。

當我在台灣面對升學、考試的種種壓力時，就恨不得能夠天天留在那裡，一直住在那裡……。

白天，享受溫暖的海水與陽光；去各種遊樂園盡情遊玩；晚上，不是打扮光鮮亮麗的去吃海鮮大餐，就是在街上閒晃。否則也可以聽著音樂，喝著可樂，從摩天高樓的寬大陽台上，俯瞰充滿霓虹燈火的亮麗夜晚。

當時那種——很輕鬆、很舒暢、很歡樂的感受與心情，這輩子大概都無法遺忘。

只可惜，黃金海岸離台灣太遙遠了，我所摯愛的那處天堂樂園，位於澳洲的東北部，距離很熱鬧的大城市「布里斯班」，大約有一個多小時車程。我們一家人先抵達以歌劇院著名的澳洲首都「雪梨」，再由此轉搭國內線飛機前往布里斯班，最後才坐巴士來到黃金海岸。

尾部漆著一隻紅色大袋鼠的噴射客機，從雪梨機場起飛後，多數時間都沿著海岸線飛行。從窗口往下望，可以清楚見到很美麗的藍色大海，以及位於陸地海洋的交界處，不斷往下延伸的金黃色沙灘。在燦爛陽光照射下，這片沙灘閃閃發光，亮的刺眼；看起來倒不像沙，還眞有那麼一點「黃金」的味道。

看著！望著！我突然想起我們要去的地方叫做「黃金海岸」；也突然想到那海岸，是否也有一大片金金黃黃的亮麗沙灘？如果眞是這樣，那黃金海岸的地名，還當眞取對了。

坐在隔壁的老爸證實我的想法。他說：「不只是沙灘亮麗的像黃金，那裡的一切建設，也都如黃金般珍貴迷人，等你到達當地，就可領會我的意思了。」

佈置得很像電影場景的華納影城。

很可愛的澳洲小女孩，抱著很可愛的巨大玩具兵。

是的，三小時後，我眞的是很快就懂了。當時，載著我們一家人的巴士還沒開進黃金海岸，遠遠的從高速公路望向這座城市時，我就已經領會當地是如何的美好迷人。這樣看望過去，會叫人覺得連黃金海岸上方的天空，好像都特別湛藍透明似的。

媽媽忍不住讚嘆：「好美喔！」我點頭，卻沒出聲附和。此時，再說什麼都是多餘。

要來黃金海岸前，李憲章叔叔便已一再建議：在那個地方，千萬別住旅館，要住，就要去住高樓層的出租公寓。

原先，我實在不明白二者之間到底有何差異？

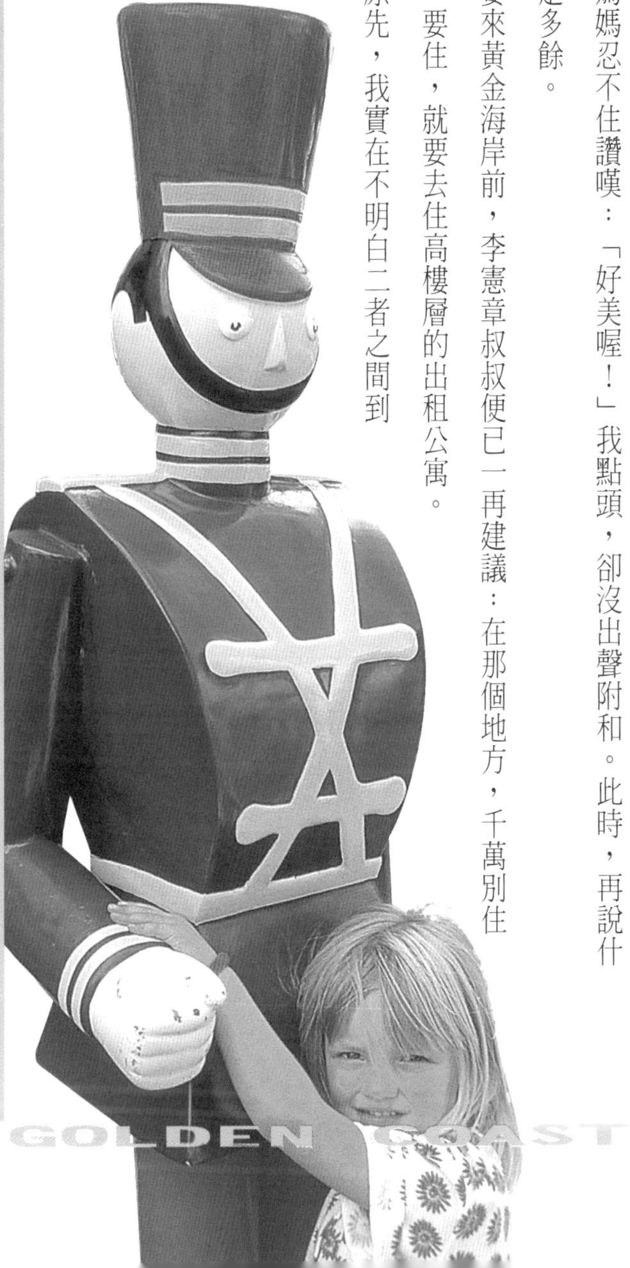

等到爸爸帶我們來到事先預訂好的大廈頂層，打開房門一看，立即瞭解箇中原因。眼前，鋪著厚厚地毯的客廳，面積大約有十來坪，裡頭沙發、電視、音響一應俱全。除此之外，還有各自獨立的餐廳、廚房、洗衣間，和兩大間附有廁所的臥室。這樣的景況，那像是在旅途中暫居的旅館，根本就是「家」嘛！

放妥行李，我們一家人馬上去鄰近的便利商店大採購，將廚房的大冰箱徹徹底底擺滿。晚上，由媽媽親自掌廚，弄了一桌豐盛的異國晚餐。在這之前，老爸與媽媽雖然帶我玩過不少國家，也住過紐西蘭的農莊，但是旅行當中最能讓我感受到自在、溫馨，就好像是住在自己家裡一樣的地方，就只有黃金海岸的這棟大樓公寓。

爸爸親手料理出的超級巨無霸早餐。

海洋世界的纜車，在藍天的襯托下令人覺得非常美麗。

不過，黃金海岸還不只這樣，不只是天氣良好、風景宜人、住宿的地方很溫馨而已。在這城市週遭，還有四座非常具有特色的大型遊樂園，都值得去玩一玩。爸爸刻意將行程安排的很輕鬆，一天只玩一座，其中，我最喜歡的是「華納影城」與「水世界」。後者，也是在第一天到達黃金海岸時，看見港口與雲霄飛車軌道的地方。

水世界裡的一切遊樂設施，當然都與「水」的主題脫不了關係。這裡有陣容龐大的海豚表演，有逗趣滑稽的滑水特技，也有從高處直衝入水，將你濺得一身濕的獨木舟。不過，水世界最叫我難忘的還是橫越園區的小型空中纜車。坐在上面，慢

慢晃過黃金海岸蔚藍的天空，一邊享受海邊的和風，一邊瀏覽四周動人的風景，感覺眞是棒透了。

至於華納影城，可以讓你在很像電影佈景的街道裡，見到許多電影裡面的大英雄。一個不留神，或許你就會發現景仰已久的蝙蝠俠、超人，怎麼會突然站到你面前，跟你打招呼問好。現在，我還珍藏著一張自己與全副武裝的蝙蝠俠，以及很拉風的黑色蝙蝠車的合照呢。

影城還有一項值得特別介紹的遊樂設施，那就是整個南太平洋最先進、最驚險、最恐怖、最刺激，名叫「致命武器」的雲霄飛車。它並沒有所謂的車廂，在搭乘時，頭懸空，雙腳又不著地，整個人就像一串香蕉似的吊在那

終於讓我見到很酷的蝙蝠俠。

驚險刺激的致命遊戲雲霄飛車，會把你整個人倒轉著提吊起來。

裡。當它高速做出三百六十度的連續滾翻時，整個人的身體就好像要被拋甩出去似的，說有多過癮，就有多過癮。

可笑的是：老爸與媽媽雖然看了半天，卻不敢上去乘坐，只有我很勇敢地坐了，而且連續坐兩次還意猶未盡……。是的，就是意猶未盡——這不只是我走下致命武器的感覺，也是走出華納影城、走出水世界，以及最後一天搭車要離開黃金海岸的感覺。

回憶黃金海岸的生活，我眞的是只記得海水與陽光，只記得一再地玩樂與歡笑，考試、升學，任何煩惱憂慮，都會在那無比美好的風景與氣氛裡，全部都拋到腦後，通通遺忘掉。像這樣地方，你怎能說它不是一處天堂樂園？

芬瑟島紀事

——地球最大的沙島

FRASER ISLAND

芬瑟島？這是什麼地方？我們的地理課本和報章雜誌，好像都沒提過這座海島。

這回要去澳洲旅遊前，也就是在李憲章叔叔家裡聽他做行前簡報時，我第一次聽見「芬瑟島」的大名；當時，還爲了千里迢迢跑去澳洲，卻要去這麼一座默默無聞的島嶼感到納悶與生氣。

澳洲「大堡礁」不是很有名嗎？咱們爲什麼不去那裡？

我的情緒，一直持續到李叔叔說「那是全世界最大的沙島」，才開始覺得有點意思。我沒爬過世界最高的山，沒見過世界最長的河；現在有機會去最大的沙島，總算可以滿足些許遺憾。管它芬瑟島如何，只要它是「世界之最」就夠酷夠炫了！

前往芬瑟島，實在路途遙遠。不但要從澳洲東部的「布里斯班」搭上四個小時汽車，下車之後，還得到港口轉換渡輪……。

當渡輪從港口駛進海灣時，我發現一樁很奇怪的現象。那就是：海水的前方，根本是片無邊無際的陸地，再怎麼看，也不像是要開往一座海島？我不禁懷疑，是不是老爸這烏龍導遊，帶錯路，走錯地方了？

「芬瑟島的長度有一百三十多公里，我們去的又是島嶼的中央，你怎麼有辦法從船上看到海島的兩頭呢？」老爸說。

天啊！一百三十多公里，那不是比台北到新竹還遠嗎？果眞不愧爲世界之最，沒想到沙島的面積，居然可以這麼大。看來，眞是太小看「沙」的威力了。

我原以爲：由「沙」所構成的島嶼，景觀鐵定單調。誰知道芬瑟島上不但有高達兩百多公尺的巨大沙丘、有好多座淡水湖泊，以及廣大森林和綿延的溪流；而這一切生態基礎，竟然全部構築在一粒粒微小的細沙上。

漫步島上巨木參天的森林時，我很疑惑的詢問老爸：「爲何沙地上，也可以長出這般茂盛、高大的樹木？」

這時，老爸要我先仔細觀察森林裡的樹根、樹幹、和掉落地上的葉片的樣貌；然後反問我：「你不覺得，生長在這裡的樹，和台灣所見到的樹不一

以木頭編釘而成的自然賞景步道。

樣嗎？」

嗯，外形的確不相同，那又怎樣呢？

我沒答話。媽媽也等老爸開口。我們都知道，他早就借到一本芬瑟島的生態書，也猛K了好幾天，當然知道答案。

「沙很容易流失水份，也不像平常的土壤，含帶那麼多的礦物質以及養份。能在芬瑟島生長的樹，抗旱性都很強，而且只需極少的養份，就能存活下去。因此這裡的樹種，和多雨、潮濕的台灣完全不一樣。」爸爸用生物學家的口吻說：「生命很奇妙，它是會幫自己找尋出路的，不是嗎？」

這般困難的路段只能依賴吉普車。

爸爸最後一句話，讓我聽得有點感動，但又覺得十分耳熟，似乎在那聽過。當天晚餐時，才想起電影「侏羅紀公園」裡的恐龍專家也說過同樣的話。老爸只是引用罷了。不過，將這話用在芬瑟島，的確蠻恰當的。

沙上的森林已經很神奇，但是沙上的湖泊更奇妙。這湖是可以游泳的。當我浮潛在湖中時，聞不到一絲異味，見不到任何的雜質，捧起它時，手上的水就在陽光下閃閃發亮。我想：我這輩子再也不可能見到比芬瑟島上的湖泊，更清淨、清爽的水質了。

我還留意到：環繞在湖岸的沙，十分潔白細膩，和森林裡的沙，質地截

媽媽所準備的雨傘，在芬瑟島就連一次也沒有派上用場。

然不同。而這兩種沙，又和我先前在島上所收集各種沙，包括：沙丘的沙，海灘的沙、甚至我們所住的旅館那一帶的沙地，色澤質感都不一樣。

據說，芬瑟島的沙共有七十幾種，目前爲止，我只收集到七、八種，這樣看來，這沙島上還有許多地方，我根本沒去過呢！

對了，我竟然忘記告訴各位：芬瑟島雖然很大，卻沒有半條柏油路，只有很簡陋、凹凸不平的沙路。在這裡，轎車大概開不到一百公尺就得拋錨，能在島上四處闖蕩的，只有高底盤、大馬力的四輪驅動吉普車。這種車眞是帥呆了，從看見它的第一眼起，我就迫不及待地想要坐進去，爾後進森林、跑沙灘、上山下海，橫衝直撞，還眞的是全靠它。

我實在難以忘懷老爸開著吉普車，帶著我和媽媽在島上沙灘奔馳的情景。海水好美、天空好藍，我們的車，一會跑在沙灘上，一會又衝進打上沙岸的海浪裡。你知道嗎，我們竟然可

以在這樣的沙灘上連續馳騁四、五十公里，不但拉風、過癮又刺激。

回程，爸爸將吉普車開得好慢好慢，好像在沙灘上搜尋什麼似的。沒好久，就聽到爸爸說有了，說完，便下車在沙灘上很認眞地挖掘起來，不知道在玩什麼花樣？

沒想到，才三兩下功夫，就看到爸爸手裡多了一隻活生生的蛤仔，還會冒泡的呢！「我按照書上的方法尋找，沒想到這麼容易就挖到了。」爸爸的語氣非常興奮。

眼前的「奇蹟」，讓我和媽媽也跟著興奮起來。接下來，我們一家人立即挽起袖子，捲起褲管，在沙灘上大挖特挖；才十五分鐘光景，就挖到滿滿一水桶新鮮度百分之百的蛤仔。媽媽還說，要帶回去飯店，當晚餐煮來吃。

這是在開往芬瑟島的渡輪甲板上。

遊客在風景如畫的芬瑟島海灘挖找蛤仔，非但容易無比，而且十分好玩。

眞是沒想到，連海浪沖刷、汽車碾壓的沙灘下，都還有這麼多的生物呢！

生命，的確是會幫自己找出路的。原以爲貧瘠、單調的沙島，竟能生成這般豐富的景觀，也孕育了這許多種蟲魚鳥獸。對我而言，芬瑟島是否爲世界上最大的沙島，已經不是很重要，而是我在此地，很敬畏、很歡喜地領會到：生命的神奇魅力。

SIA

新加坡紀事
——叫人又愛又恨的城市

吉隆坡紀事
——想起成龍的電影

曼谷紀事
——車子擠得動彈不得

胡志明市紀事
——聽說，這裏很像老台灣

仰光紀事
——偉大啊！古佛塔……

菲律賓紀事
——度假的感覺眞好

香港紀事
——九七以前的香港

東南亞

SOUTHEAST A

SINGAPORE

新加坡紀事

——叫人又愛又恨的城市

我真的是不知道，新加坡的旅遊紀事到底該怎麼寫比較好？跟隨父母親跑過這麼多地方，其中，最讓我又愛又恨，情緒既複雜、又矛盾的國家或城市，非新加坡莫屬。

國一暑假的那次旅遊，我們總共停留了四天。前兩天，我當眞愛死了新加坡的整齊與乾淨，感覺它是全球華人的無上驕傲；而後兩天，有了更多的瞭解與接觸後，我又相當厭惡那裡，覺得它根本就是一處比軍隊還死板，比學校還嚴苛，叫人生活得充滿精神壓力的地方。

我不知道如果有第五天、第六天，繼續待下去會怎樣——會再重新喜歡它嗎？還是更討厭？這些我至今仍不知道。現在，還是讓我回溯四天之旅的所見所聞；或許，各位讀過之後，也會有自個對新加坡的看法吧。

儘管都已經是去年的往事，我仍舊忘不了抵達新加坡當夜的經驗。那是經常出國的我，所感受最美好的「抵達」經驗之一。

我們所坐的飛機，是在晚上九點多的下班時間降落新加坡「樟宜」國際機場。下機後，總共才花費不到二十分鐘，便已完成通關和領取行李手續。新加坡海關、機場工作人員效率之高，辦事之勤快，連標準嚴格的老爸都讚

賞不已，直誇獎：「難怪人家的國家競爭力，老是穩坐世界前幾名。」

而我，也對於只花這麼一點點時間，就能走出一座占地廣闊，人潮洶湧的機場覺得不可思議。我想：這是因為行走動線都標示得簡單清楚，而且各櫃台關卡的人員，毫不偷懶的關係吧！

搭計程車前往旅館的四十分鐘車程裡。我對新加坡的驚訝與讚賞，更甚於在樟宜國際機場。怎麼會有市容如此美好的城市呢？這裡的高速公路，修造得好平穩；兩側的樓房，排列得好整齊；花草與樹木，四處茂茂盛盛地生長著，從打開的車窗裡，都可聞到混合在夏夜晚風裡的一股熱帶濃香，讓人心曠神怡。

新加坡烏節路的百貨商場。

林立於市中心的高樓大廈群，建造得充滿現代感。

老爸說：「我喜歡這樣的地方！」

媽媽說：「真想搬來住在這裡！」

我也不甘寂寞地說：「我們早就該來新加坡玩了，怎麼現在才來呢？」

我們一家人，都將臉望向窗外，貪婪地看望風景。也是華人的計程車司機，這時竟然插上一句：「你們剛來一切新鮮，住久了，看多了，便不覺得有什麼了？」

是嗎？我想：所謂「人在福中不知福」，大概可以拿來形容對這些美好景象已經缺乏感覺的新加坡人吧！

第二天起床，從旅館窗口見到的新加坡市景，還是像昨夜一樣繽紛美麗。我們一家人火速整裝完畢，迫不急待地投入這座花園城市的懷抱裡。

當天，老爸報名參加當地的旅行團。我們和許多遊客一起搭乘遊覽車，去了飼養各種鳥類的「飛禽公園」、去了以水舞聞名的「浪淘沙島」，也去了很有異國色彩的印度廟，與華僑聚集的唐人街。這些地方，雖然處處井然有序，乾淨整齊，但如此美好的景象中，似乎也透露著一些怪異的訊息。那是什麼，我說不上來，總之我老是覺得有點不對勁……。

第三天，我們的行程是逛繞市內的商業區。逛著繞著，我忽然看見一張貼在公告欄裡，很像海報的大紙張，上面用好幾種不同的文字，寫著警告字句。英文我無法完全看懂，但中文是這樣寫的：禁止本地民眾或外國遊客，在新加坡製造、販賣、持有、攜帶、咀嚼、丟棄口香糖。

這是被媽媽扔在旅館的禮品包裝盒。

評比市容的整齊乾淨，新加坡的確無話可說。

天啊！不過是關於「口香糖」這樣的小東西，需要如此鄭重的告知與嚴禁嗎？亂丟自己吃過的口香糖當然不對，但是禁止製造、販賣、持有、攜帶……不是擺明了這地方，根本不容許它存在嗎？

幸好，我不會特別喜歡吃口香糖，所以這樣的禁止命令對我起不了多大作用。可是我愛不愛口香糖是一回事；但是因爲法令限制，讓我根本不能接觸到口香糖又是另外一回事。

這就像我現在雖然將頭髮剪的有些短，但是要留長一些還是可以，學校不會禁止。如果學校一律規定國中生只能

留三分頭，不可有其它變化，那感覺又不同了。

再說，這條跟口香糖有關的禁止令，訂得如此滴水不漏，不留餘地，更叫人反感。幸好我們的校規不是新加坡人所寫的，否則就眞的是很麻煩。

這一天遊逛下來，我見識到了許多新加坡的「麻煩」規矩。例如：搭計程車，一定得在招呼站上車；乘坐地鐵，不得吃食任何飲料、食物。在轎車上，一定得綁安全帶，而且不坐滿四個人，不能在尖峰時刻開進市區……等等。以前我只知道新加坡不能亂丟紙屑、菸蒂，現在才明白不能的事情可多著呢，許多在台灣你要怎麼做都可以的事，在此地樣樣不可以！

這許許多多規定，固然造成新加坡的乾淨與秩序，但也造成許多生活上

建造在市區中心的中國式廟宇。

比起用兩條腿行走，乘坐渡船遊河顯然是輕鬆多了。

的不方便。老爸抱怨到處找不到地方抽菸，媽媽認爲那麼多的禁止佈告看起來很刺眼。而我，竟然想念起口香糖來了，眞想好好地吃它一片。

最後一天下午在至樟宜機場坐上飛機時，我還在想著這麼多的規定，到底是好或是不好？怎麼想都是利弊參半。但是，我肯定自己當時眞的是很高興，因爲馬上就可以搭機回到雖然有點亂，但卻生活得自由自在的台灣。

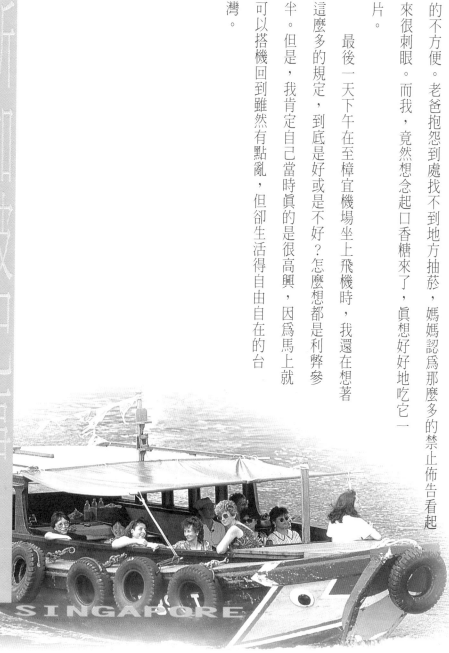

吉隆坡紀事

——想起成龍的電影

KUALA LUMPUR

老實說，我並不是那麼想去「吉隆坡」。

當老爸跟我說要去吉隆坡時，我第一個念頭就是：換個地方好嗎？可是老爸依舊堅持要去馬來西亞。

「不只是因為你媽媽從沒去過那裡，我也想你們見識見識當地回教的風情。」他說：「吉隆坡很近，這畢竟比去阿拉伯或中東國家方便多了。」

雖然老爸這樣解釋，但我覺得最主要原因應該是他在上個月的摸彩裡，抽中兩張吉隆坡的來回機票。否則，以前壓根兒也沒聽他提起要我們去馬來西亞。

對這趟旅行，我心中不存任何期待，就連飛到吉隆坡的四小時二十分航程，都覺得漫長久遠。通關之前，爸爸要我們再將行李檢查一遍，確認沒有任何不當物品。他說這是李憲章叔叔特別交待的，以防萬一被壞人將毒品放進行李時，有理也說不清。

我問爸爸：「被查到毒品罪很重嗎？」

爸爸說：「那可是要判死刑的。」

這話聽得我也緊張起來，便打開行李重新確認一次，裡面的確沒有任何

多出的不當物品。奉公守法的我，當然不可能帶那種東西。說眞的，連毒品長得什麼模樣我都不知道呢！

這件小事，已經讓我瞭解到馬來西亞是一處刑罰嚴厲的國家，或者是因爲「用重典」的關係，我覺得馬來西亞的治安似乎相當不錯。這裡，無論男女老少，都打扮的整齊乾淨，態度和靄可親，在馬路上，好像看不到「奇形怪狀」的壞人蹤影。

透過李憲章叔叔的安排，我們住進市區內一家頗豪華的大飯店。據說，成龍當初在吉隆坡拍「超級警察」，也住在這裡。

我問老爸：「成龍也跟我們住同樣的房間嗎？」

呈現在畫作上的吉隆坡市景。

陳列在博物館的古砲，已經是一百年前的老古董。

「當然不可能。」老爸笑著說：「人家可是住總統套房呢。不過，你倒是可以跟他去同樣的泳池游泳，那是他每天拍片收工後，最愛從事的活動之一。」

聽老爸這樣說，我馬上興沖沖地換上泳褲殺到飯店的游泳池，那裡的氣氛確實不錯。只可惜，我不是早幾年前來到這裡，否則若能在泳池內撞見成龍，不是酷斃了！

老爸完全以休閒度假的心情前來吉隆坡，因此將行程安排地很是鬆散。到達的第二天，爸爸包租了一輛車，展開市區之旅。我們前往的第一處景點，名叫「獨立廣場」，聽說那是吉隆坡舉行重要慶典的地方。

現場有一隻旗桿，高達一百公尺。由於太高了，上面又沒有懸掛任何旗幟，因此怎麼看都顯得怪怪的。不過我倒覺得沒

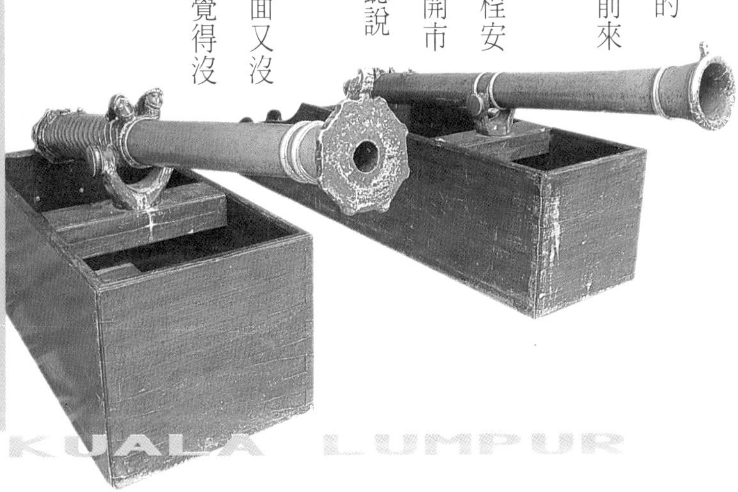

掛旗幟是好事，否則豈不累死升降旗的人了。

獨立廣場對面的「最高法院」，是一棟很具阿拉伯風味的建築。奇怪的是，這裡的建築物與街景，我看起來覺得很熟悉，好像在那見過似的。

「你忘了嗎，在電影超級警察裡面，成龍與楊紫瓊就是在這裡被迫劫走人犯。」

經媽媽這麼一提醒，我倒是想起來了。等我們到達「中央車站」與「鐵路局」，我又想起這是成龍由起飛，最後整個人吊掛在直昇機上飛越大半個吉隆坡的地點。

一回憶起成龍的電影，吉隆坡就變得有意思起來了。我記得：拍超級警察時，老爸剛好到吉隆坡出差，返台後一切經過被他說得口沫橫飛……。

此刻，老爸就好像被催眠似的回到當時情境，向我和媽媽再次說明：「那可眞是不得了的場面，幾萬人——包括市民和遊客都一起湧到街上，看成龍一個人吊在直昇機下做特技表演。政府還出動了許多警察爲他管制交通呢。」

聽爸爸這樣說，我的遺憾感更加嚴重。眞是的，爸爸怎麼不早一點抽中機票，讓我也能見到現場實況呢？

具有西洋古典情調的建造物。

這裡天氣炎熱，冰淇淋頗受歡迎。

望著吉隆坡充滿高樓以及尖塔的天空，想到當初成龍飛過這片天空的畫面，我的心情竟湧現旅行中少有的失落感……。

當天下午，老爸包車直奔位於吉隆坡市郊——「黑風洞」。那是一處很高大、深邃的天然洞穴，也是印度教的聖地。現場情景，的確頗具神秘氣氛，只可惜洞內只開放一小段區域，否則深入探險，應該蠻有意思的。

隔日行程，是參觀吉隆坡的「蝴蝶園」與「鳥園」，前者，擁有包括一百二十種類的六千隻蝴蝶。後者，則飼育著五千隻鳥類，是全東南亞最具規模的鳥園。

相較之下，我反而比較喜歡面積有限的蝴蝶園，那裡面栽種著一萬五千株的花草樹木，來模擬蝴蝶的自然生態環境。漫步其間，看彩蝶翩翩飛舞，頗有尋幽訪勝的樂趣。

其實，蝴蝶園與鳥園去不去都無謂，因爲我的心情早已離開了吉隆坡。雖然待會我們就要搭機回去了，但我更巴不得今早就走，愈快走愈好。因爲現在，我最想做的就是回台北後，趕緊去錄影帶店租借成龍的超級警察回家溫習。看看這位永遠打不死的大英雄，到底在吉隆坡還停留了那些地方？

黑風洞的地形景觀，給人一種莊嚴神祕的氣氛。

BANGKOK

曼谷紀事

——車子擠得動彈不得

本來覺得台北交通十分「黑暗」，可是走了一趟「曼谷」，我卻不再這麼想。

在這座泰國首善之都，我們被各種各樣的塞車狀況，弄得苦不堪言。而

且，還是從第一天到達機場，第一次搭計程車前往旅館開始，就陷入高速公路動彈不得的車陣裡。

曼谷非常炎熱，這樣的天氣再遇上交通阻塞，更叫人心煩氣燥。計程車好不容易開進市區後，我又看見好多困在車流裡的公共汽車，乘客在裡面擠得像沙丁魚似的，車上又沒有空調，眞不知他們怎麼受得了？

望著車窗外，動也不動的風景，老爸皺著眉頭說：「曼谷的交通，好像比兩年前我來的時候還糟糕。」

媽媽也抱怨：「到底距離旅館還多遠？我們乾脆下車走過去算了。」

我立刻舉雙手贊成。下午坐飛機坐得腰酸背痛，現在搭車又搭得頭暈腦脹的，下去活動活動筋骨也好。況且像這樣無止境地塞下去，走路反倒比較快。

要不是老爸及時提醒：你們打算自己搬行李散步嗎？我大概已經一把推

開車門走下去了（別擔心，當時的車速是零）。

來到曼谷的第一天，就因爲高速公路和市區雙重大塞車，讓老爸吹噓已久，也讓我期待更久的泰國生猛海鮮大餐延後到晚上九點。上菜時，大家都因餓過頭而了無食慾。

老爸覺得這樣拖延下去，所有的行程都可能受到影響，就要求我和媽媽明天早上絕不能賴床，最好盡快用完早餐，趁路上車子不多時趕緊出門，以免耽誤第二天遊覽湄南河的船班。

查看地圖，我們所住的旅館和搭船地點相隔大約五、六公里，正常行車速度，二十分鐘應該可以抵達。

人潮洶湧的曼谷玉佛寺正面入口。

泰國大飯店的西式自助早餐菜色十分豐物，其中，我最愛吃這種煎蛋。

可是，已經見識曼谷塞車威力的老爸，絲毫不敢掉以輕心。分明是九點的船班，他還是決定七點半出門較爲保險。結果呢？時間雖然如此充裕，一路上的經歷卻刺激地有如「法櫃奇兵」系列電影。不信，請看我當天晚上所寫的日記，裡邊有詳細而生動的記載：

七點三十五分。坐上老爸預訂的轎車，從旅館門口出發。巷子裡的車輛很少，我感覺前途一片光明。

七點三十八分。轎車從巷子轉進大馬路。一到這裡，立即陷入動彈不得車陣中，沒想到這麼早，曼谷就進入交通黑暗期。

七點四十五分。整整過了八分鐘，車子竟然前進不到八十公尺。前面十字路口，交通徹底打結，看不出要等多久才過得去。老爸當機立斷，決定大家放棄轎車走過擠得水瀉不通的十字路口，再邊走邊找計程車。

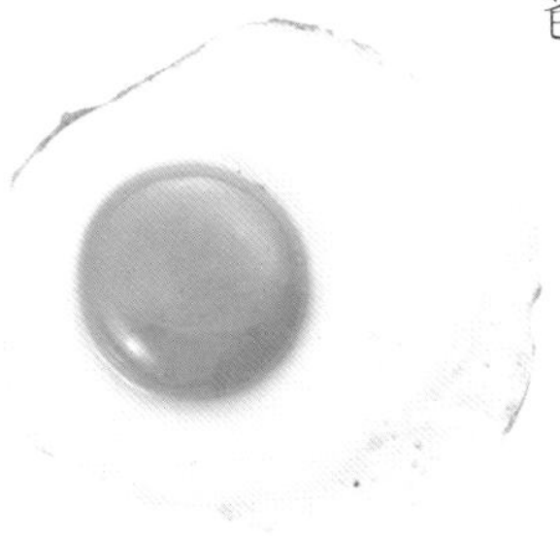

七點五十五分。攔到一輛陷在車陣裡的中古計程車。老爸問司機：有沒有辦法在九點趕到搭船地點的「喜來登」大飯店碼頭？司機自信滿滿地回答：「抄小路絕對可以。」

八點零五分。計程車一直在巷子裡面轉來轉去，那裡車少，司機就往那開，好像走得頗有成績，但不知究竟開到那裡？

八點十分。晴天霹靂。計程車竟然開到死巷子，司機居然停車說他迷路了。老爸聽了非常生氣，立刻質問：「你不是說抄小路沒問題嗎？」

惱羞成怒的司機，立刻翻臉和爸爸爭吵起來，本來想在車上小睡一會的媽媽，只能忙著勸架……。

結果，我們竟然在這條死巷子裡，在這處連東南西北都分辨不清的偏僻地方，被司機趕下車。老爸氣呼呼地帶著我們一邊找路，一邊問路，希望重新走回原來的大馬路。

已經八點半。離開船時間只剩半個小時。我們在巷內東彎西繞，連走帶跑，終於順利回到仍舊塞車的大馬路。老爸沿路攔車，最後搶到一輛剛好有乘客下車的「嘟嘟車」。這是一種很具泰國特色的馬達動力三輪車，曼谷街頭到處可見它們奔跑的蹤影。嘟嘟車體積雖小，可是速度飛快，一看就知道安全性大有問題。

來泰國之前，老爸早就叮嚀我們：千萬不要搭「人包鐵」的嘟嘟車。這些我都記得，但他

刺激，但是安全性不夠的嘟嘟車。

塞！塞！塞！這樣的交通真是十分可怕。

自己好像忘了，我想是因為時間緊迫，另一方面也逼急了，氣壞了……。反正我也不想再走路，就先上去再說吧！

這位嘟嘟車司機皮膚曬得黑黑的，長相蠻酷；可是開起車來更酷。儘管一路上塞滿車輛，他仍舊很不客氣地有縫就鑽，實在擠不過去，便設法繞進小巷。走法很像表演特技的摩托車，坐起來像極了雲霄飛車。過癮的同時，也叫人從心底發毛……。

就這樣一路橫衝直撞，搖搖晃晃，我們的嘟嘟車居然在開船前兩分鐘趕到碼頭。媽媽搭得臉色發白，我暗叫下不為例，老爸倒是一臉得意，嘿嘿地笑著說：「有志者事竟成，還是讓我們趕上

雕刻在寺廟建築物上的佛像。

玉佛寺內半人半鳥的神祇，漆塗得金壁輝煌。

了！」

除了這趟很不容易趕上的——搭船遊覽湄南河之旅外，停留曼谷的三天裡，我們還參觀了「玉佛寺」、「金佛寺」、「臥佛寺」，也遊覽位於近郊的泰王「夏宮」，行程緊湊而充實。

泰式建築的格局、裝修與中國截然不同。在金碧輝煌的華麗中，洋溢著強烈的異國風味。只可惜，這些殿堂蓋得再有創意，都不如曼谷市內——從早到晚堵塞得昏天黑地的交通景觀，更能讓我留下對泰國的深刻印象。

HO CHI MINH

胡志明市紀事

──聽說，這裏很像老台灣

一說到要去越南的胡志明市，老爸馬上顯得很開心。我知道：他有朋友在那裡開設工廠，能夠和老友在異國重逢，當然愉快！

可是老爸竟反駁我：「那只是原因之一。你不知道，胡志明市像極了當年的老台灣，去到那裡，就好像回到我的童年時代，這種感覺多麼叫人開心啊！」

我一聽當場傻眼。如果，胡志明市的狀況，眞的很像老爸的童年時代，那是多少年前的台灣啊？二十年？三十年？不！不！恐怕會有四十年以上。那年代實在老的超乎我想像，當時的我，根本還沒出生呢！

胡志明市原名「西貢」，曾經是南越的首都。西元一九七六年，當北越打贏「越戰」之後，這個國家再無南北之分；而西貢，也被改換成這位北越領導者的大名……。

雖然，現在所有的地圖上都已經很清楚地寫著胡志明市，但我還是比較喜歡「西貢」的芳名；我想：這可能是看了太多越戰電影的緣故。電影裡那些帥帥酷酷的美軍男主角，可不會稱它爲胡志明市。

這回去越南，我還眞是有點怕怕的。尤其當我們所搭的飛機進入越南領空後，感覺更是明顯。第一：我從未進入過一個由共產黨統治的國家；完全不知道它和以往所旅遊的地方有何不同？

第二：還是受電影的影響。越戰影片中，北越軍人種種殘暴模樣，各位應該也很熟悉吧，一想到待會就要去面對他們，你說我還能冷靜的下來嗎？

在忐忑不安的情緒下，飛機還是降落了。通關時，一切堪稱順利。越南海關人員雖然笑容不多，但也不會板起臉孔。機場內，那些拿著長槍巡邏的軍人（警衛？）也差不多是這副模樣。反正跟電影裡所演出的惡形惡狀，的確不一樣。

這種跟種種既定印象「不太一樣」的感覺，在參觀胡志明市的幾日裡，可說是感受良多；尤其是在參觀市區內的「美軍罪惡館」時，更是達到最高潮。

所謂美軍罪惡館，裡面陳列的盡是美軍打越戰的時候，所犯下的一系列

賣著英文報紙的越南小孩，年紀只比我小一點而已。

暴行，包括：如何囚禁、虐待、殺害越共的軍人或百姓……等等。手段殘忍而不人道。

以往看越戰電影，以爲只有越共才會如此；沒想到美軍也會，而且所做所爲，絲毫不比越共遜色。參觀時，媽媽看到一半就不想看了。老爸也看得嘆氣連連。至於我，則需要不斷地在精神上武裝自己，才好不容易將它看完。看完後只想立刻逃開這地方，最好能完全忘記：自

己曾經來過此地。

我以爲，這一切罪行都因爲「戰爭」引起。如果沒有那一場持續十六年的慘烈越戰，就不會有這麼多椿讓人類互相殘害，無法無天的虐殺事件了。

拋開越戰的負面記憶，胡志明市實在是一座純樸、善良、也稱得上美麗的城市。不過我倒覺得：旅館附近的街景很有歐洲的味道，而不是老台灣。

「那是因爲這裡曾經被法國統治過嘛！」老爸說：「等到你去到堤岸的華僑聚集地，就會覺得一切都很像台灣了。」

隔日，老爸就帶我們去堤岸拜訪他的朋友。到了那裡，街道變窄了，房子變矮了，連樹木也少了許多。道路兩邊，開設著許許多多的小商店，所賣的多是一些看起來很古老，總之就是夠時髦、現代的日常生活用品，這就是所謂「老台灣」的感覺嗎？

逛著，逛著，老爸忽然很興奮地走進商店裡，拿起一只附有手把的印花塑膠杯跟我說：「你看，這就是我們以前所用的漱口杯啊，沒有什麼造型，也沒有什麼設計，一切都這般的簡單、純樸。」

是啊！的確很純樸，而且純樸的有夠土。我接過手細瞧，又發現杯子的塑膠質料過於柔軟，表面也處理的很粗糙，杯底下，也沒有見到關於「耐熱程度」的標示。這種杯子能拿來使用嗎？裝熱水會不會變質啊？

一路上，老爸接連買了好幾樣日常生活用品。連媽媽都十分懷疑：他回台灣之後，眞的會去使用這些東西嗎？所幸，這些東西的價格實在便宜。像我剛剛提到印

胡志明市的華人市場，氣氛像極了老台灣的傳統市場。↖

市場裡販賣著由美國進口的咖啡豆。→

花塑膠杯，換算起來不過是新台幣三塊錢而已。

在堤岸遊逛的好處是：語言暢行無阻。如果你用國語問話，他們也會用國語回話，有些時候，說台語「嘛也通」。但多數人所講的似乎是廣東話，並非越南語。我感覺：年紀愈大的華僑，說起家鄉方言愈是標準，至於年輕人，即使說起國語也帶著濃厚的越南腔調。這可能跟他們的成長背景有關吧！

在胡志明市的最後兩天的行程裡，我們除了前往曾經是阮文紹總統府的「獨立宮」參觀，也看了位於市郊加工出口區的老爸朋友工廠外，可說是逛的十分徹底。

仔細數算：我們一共去過三間寺廟、兩處菜市場、一座夜市、也吃了五家餐館。廟裡，膜拜的是中國的菩薩；餐館，販賣的是中國的飲食；而飄揚在夜市裡的歌聲，竟然也是張學友的國語歌曲，那首歌叫做「吻別」。雖然我還是不確定：這裡的感覺是否眞像老台灣？但是確實有許多的中國味；總之完全不像曾被我認爲是「外國」的越南。

如果你知道：胡志明市也有規模龐大的KTV，裡面說的、唱的都是國台語，而且店名還稱爲「錢櫃」；就曉得不管這裡像不像老台灣，也有那麼一些台北的味道了！

真是不敢相信，在越南竟然也能見到與台北同名的「錢櫃」KTV。

RANGOON

仰光紀事

——偉大啊！古佛塔……

對於緬甸，我實在陌生，曾經遊歷過二十幾個國家的老爸，也沒去過那裡。

積極鼓勵這趟旅行的是李憲章叔叔。他說：「緬甸是很特別的地方，首都仰光更是值得一看；你們去了絕不會後悔。」

由於李叔叔很熱心幫忙訂旅館，也安排當地華僑擔任中文導遊，老爸覺得一切已經沒什麼大問題，才同意這趟旅行。我們一家人到達仰光國際機場時間，大約是在下午四點左右，住進旅館，天都已經黑了，根本看不清楚這城市的風貌。

到達仰光的第一夜，我只有兩個基本印象。第一，這城市的路燈很少，許多角落，看起都是黑黑暗暗的，有點嚇人。第二，這裡的旅館非常爛，椅子、床鋪，都好像是古代留下的東西，樣式簡單，坐起來喀吱作響；除此之外，電視也不太靈光。在我的旅遊經驗裡，好像還沒住過設備如此簡陋的旅館。

不過，它的住宿費用也很便宜，聽媽媽說，一個晚上只需要要一千出頭的新台幣就夠了。我實在好奇：難道充當一國首都的仰光，沒有設備好一點

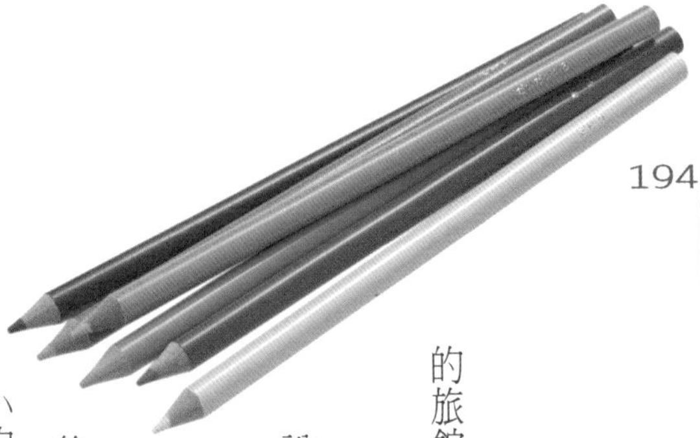

的旅館嗎？

老爸回答：「當然有，不過很少，而且價格非常昂貴。」他說：「隔壁的李叔叔來緬甸，也是住在這間旅館。」

第二天凌晨，我們一家人竟被不斷啼叫的公雞聲吵醒。爸爸很疑惑城市裡那來這麼多雞，還專程跑去外面瞧。回來後哭笑不得地告訴我們：「原來飯店的後面，竟是一座規模不小的養雞場。」

這消息真是叫人絕望。反正想再睡也睡不著了，爸爸便決定帶我們出去逛逛。當時是早上六點鐘，天才剛矇矇亮而已……。

事後回想，我覺得當天清晨的遊逛非常有意義。當時，我們一家人，很隨興地，完全沒有目標地在仰光的街道、市場、碼頭亂走，所見到的，是很真實的中小市民的生活，那種經驗與感受，與在觀光區遊玩截然不同。

我的旅遊日記，都是用鉛筆寫的。

同樣是信仰佛教，緬甸佛寺給人的感覺與台灣的佛寺截然不同。

首先我發現：仰光是座非常乾淨的城市，街道上竟連一點垃圾也沒有。這或許是因爲清道夫很多的緣故吧！你知道嗎：清晨的仰光，每條街上，每個路口，竟然都可以見得到清道夫在工作，而且還不是一、兩人，而是成群結隊地掃街。

接著我又體認到：仰光是座美麗的城市。它的街道規劃，建築型貌，都頗具歐洲風味，很容易叫人誤以爲自己正在英國、法國的某座小城市裡。經老爸解釋，才知道這一切建設，都是英國人在殖民地時代所遺留下來的。

唉！我還當眞小看了仰

光，以爲此地必然貧窮落後。據說，在第二次世界大戰前，仰光曾是亞洲最先進的城市之一，不但有大型的醫院、學校、市場、公園，還有完整的下水道系統與全亞洲第一座的高爾夫球場。這些設施，雖然因爲年久失修而顯得陳舊，但宏偉、優雅的氣質，依舊改變不了。

上午九點鐘，我們終於在旅館裡見到了導遊。這位在仰光土生土長的華僑，雖然會說中國話，但是口音有點奇怪，不認眞聽，還眞的是不容易懂。

大家自我介紹後，華人導遊首先開車帶我們遊逛整個仰光市。途中，經過華僑聚集的唐人街區，經過繁華熱鬧的商業區，也經過許多規模宏偉的寺廟與佛塔。

直到這時我才知道，仰光原來還分成好幾個區域，每區風景不同。我們所住的旅館附近，固然充滿西洋色彩；但是到了唐人街，味道馬上變得很中國，要不是看見華僑穿著名叫「沙龍」的圍裙走來走去（註：男女都是這種

無比壯麗的大金塔，是到仰光旅遊最值得參觀的景點。

打扮，沙龍是緬甸的傳統服裝），還眞像在萬華的商家與寺廟間遊逛呢。

當天下午，導遊將我們帶到號稱緬甸最偉大風景的「雪達根佛塔」。上午繞行市區時，我就不斷看到這座建造在山丘的古佛塔，即使相隔遙遠，都可以感受它的巨大。現在，當眞站立在佛塔前方，那種無與倫比的巨大感，更是排山倒海而來……。

雪達根佛塔有多大呢？導遊說：塔的高度是一百零七公尺，基座週長，合計四百三十二公尺。

但這只是該座佛塔的本身，如果連簇擁在四週的六十八座「小」佛塔一起算進去，所見到的根本是一大片無限交疊的「塔林」，而不是單一的巨

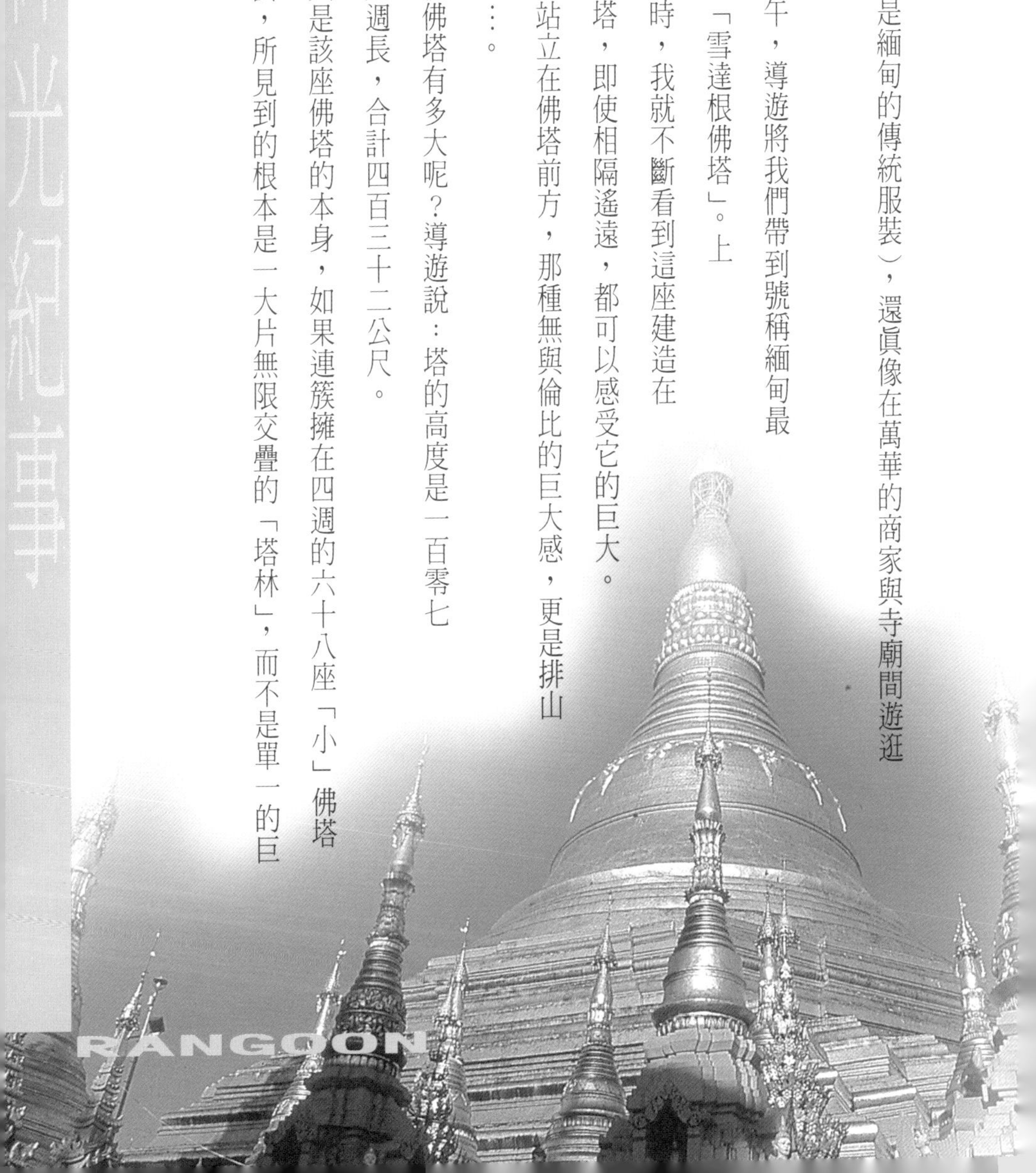

碩高塔。

雪達根佛塔所耗用的「珍貴」建材，計有：黃金七噸、金鈴一千多個、及銀鈴四百多個，此外，再加上寶石七千多粒……。如此不惜血本，自然建造出舉世無雙的神聖大金塔。

向來認爲自己見多識廣的老爸，站在雪達根佛塔前面根本驚訝地說不出話。我和媽媽狀況也差不多。我們一家人，就這樣面對大金塔呆坐了一個多小時，其間，至少看見數百位的善男信女，很虔誠地，很恭敬地跪在大金塔前低頭祈願，膜拜行禮。

此情此景讓媽媽很感嘆地說：「要不是這裡的人民，擁有這般眞誠的佛

精緻而細膩的佛寺雕塑。

現代化的世界和平塔，在裝飾上依舊保留古老的風味。

教信仰，絕對建造不出如此完美的佛塔吧！」

爾後幾天，我們主要的旅遊目標還是參觀佛塔與佛寺。其中包括：內部很像迷宮的「波大通佛塔」；很現代化的「世界和平塔」；以及側臥地上，單手托腮，身長超過百米的超級臥佛……等等。這些景點雖然各有千秋，但是與雪達根佛塔相比仍舊略遜一籌。

壯哉！古佛塔！雖然，我在雪達根佛塔總共才停留兩個小時，但它偉大、永恆的影像，今世必然常留我心中。

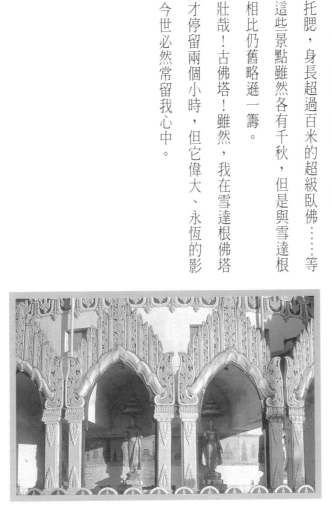

PHILIPPINE

菲律賓紀事

度假的感覺真好

那一個國家，離台灣最近？

答案是「菲律賓」。老爸帶我來這裡的主要目的是「度假」。原本，我們要去南台灣的墾丁，爸爸算算旅費，驚呼：「怎麼會這麼貴！」於是，目光在地圖上這麼一溜轉，就從墾丁越過了巴士海峽，到達只有一水之隔的菲律賓。

「我們就去這裡。」老爸指著地圖說：「雖然是出國，但旅費比去墾丁還省。」

對於旅遊，爸媽向來捨得花錢，也勇於請假（這包括了幫我向學校請事假）。印象中，過去好像從沒有爲了想少花一點銀子，而改去另一個地方。

這回，老爸爲何轉換念頭我不懂。爲什麼國外的菲律賓，會比台灣的墾丁便宜我也不明白。反正錢的事本就與我無關；而且，在台灣遊玩實在不如出國，去那倒無所謂。

依照行程，我們得在菲律賓首都「馬尼拉」轉機，再搭乘一小時的國內線班機前往南部的「大保」住三個晚上。當飛機降落馬尼拉時，天空烏雲籠罩，好像隨時要下雨；可是大保卻風和日麗，晴空萬里。下機後，老爸特別

請計程車司機在市區繞了兩圈，讓我們看看市景，接著才開往某家位於海濱的大型休閒旅館。

媽媽讚美旅館的感覺很古典、很雅緻，有著「蘇門答臘」風格。我不是很瞭解最後一句話的意思，不過眼前裝潢，的確充滿異國情調，能在這樣美麗又有味道的地方，無所事事地住上三天，心情絕對輕鬆愉快。

我和媽媽都已經將行李擱下，一副準備住下的樣子。老爸笑著說：「看來你們都很喜歡這裡，別急，待會咱們要去的度假村更棒，保證你們會更喜歡。」

所謂「更棒的度假村」，還得從這家旅館的碼頭搭船走上四十分鐘。老爸說，那是全菲律賓最好的休閒度假村，不但設備優良，風景美麗，更由於建造在外海的小島上，因此不會受到任何打擾，每位遊客都可以無拘無束享

指示牌都是用當地的竹子雕刻而成。

在度假村裡，所居住的就是這種用木頭或竹子搭蓋的平房。

受屬於自己的愉快假期。

「你是說世外桃源嗎？」我覺得老爸的話，太像電視裡賣房子的廣告，不無誇張嫌疑。

對此他倒不做辯白，只說：「反正事實馬上擺在眼前，你自個去體會吧！」

現在，我已經從船上看見位於小島上的度假村了。島上房屋不是很多，而且似乎都是平房，由於不是用竹子搭起，就是用木頭蓋建，因此和背景的森林很自然地溶合在一起，絲毫沒有突兀的感覺。

等船再靠近些，我發現海水的顏色也變了，由原先的濁綠色變得清澈透明，連水中

的魚兒都看得一清二楚。看來，島上的自然環境維護得相當不錯。我喜歡這樣的地方。

老爸安排的住宿地點是：建造在水上的小竹屋，每一個房間的陽台都直接面向大海。我暫時無心欣賞海景，只想躺在竹床上睡個好覺。從早上趕路到現在，確實有點累了。

當媽媽叫醒我的時候，已經日近黃昏，海面上反射著霞光點點，很是燦爛輝煌。爸爸催促我趕緊換衣服，說是帶我們認識度假村的整體環境，順便吃晚餐。

這一趟逛繞下來，足足走了一個多小時。其實，度假村並沒有這麼大，只是沿途風景太美，常讓我和媽媽停下腳步望得出神。現在我知道：度假村還依地勢的高低起伏與坐落環境，分成四大區域，也分別蓋出四種不同風格的房子。除了我們所住的水上竹屋外，還有很像社區公園的獨棟小木屋，半山腰的原木樓房，以及最高級的海濱別墅樓中樓。

其中，我最喜歡自成一格的小木屋區。它們共有二十棟左右，零零散散圍成一個大大的半弧型。圓弧正中央，還挖出兩座水可以互相流通，可是卻有高低落差的游泳池。泳池正前方，便是潔白的沙灘與無垠的海洋……。

這種走出自家大門二十公尺，便能泡進泳池，同時看望大海的感覺眞是棒極了。更何況，整體環境佈置得如此花團錦簇，綠意盎然，就好像住在公園裡。

能夠在這樣的地方輕輕鬆鬆住上一個禮拜，實在是太完美了。

我立即要求搬「家」。爸爸說要跟櫃台協調。第一夜沒搬成，第二天早上我們就順利搬遷過去。其實，住在水上的小竹屋也挺有意思。我還記得：自己一整夜都聽到海水輕輕拍打房屋柱腳的聲音，躺在這樣的房子裡睡覺，感覺也是奇妙又甜蜜……。

剩餘三天假期，我都睡到日上三竿才起床，醒來後立即穿上泳褲，走到屋前的游泳池泡水兼看海，等中午和爸媽一道享用想吃多少就拿多少的碳烤海陸大餐。

下午的時間，除了睡覺就是游泳，充分運動、休息後，晚上又是一頓菜多得吃不完的豐盛營火晚餐。過著這般愜意、逍遙日子的我，腦袋裡沒有任何煩惱，而醒著的時候，總覺得精神飽滿，身體健康。

唉！度假的感覺眞是美好——尤其是住在這種既可享受自然風情，而一

爸爸在當地打的網球都上了鏡頭。

不會划船的遊客，也可以踩踏水上腳踏車在海灘周邊遊玩。

切生活又是如此現代化、便利化的海島上。台灣與菲律賓，不過隔著一道巴士海峽而已，怎麼生活上的感覺，會相差這麼多呢？

我當然不致於糊塗到搞不清楚「因爲此刻正在度假」，所以才能如此愉快。可是留在台灣，不管去那度假休閒，好像都無法如此放鬆心情，如此完全沒有拘束感！

HONG KONG

香港紀事

九七以前的香港

就在英國交還統治權的前幾個月，「香港」可是廣播、電視、雜誌、報紙的熱門話題，三不五時就有關於它的消息。

九七之後，香港變了多少我不知道（從電視上看起來，好像差不多）。

但是在九七之前，我倒是曾踏上那塊土地，很清楚保存在我記憶裡的，還是那個時候的香港。

要去香港，非常輕鬆。日本離台灣可算近了，但還是得搭機三小時才能抵達，可是香港只需要一個小時的飛行時間。感覺上，才吃完機上的午餐，連咖啡都沒來得及喝，空姐就匆匆忙忙開始收盤子了。

飛進香港，是一種無比奇妙的經驗。以前，不管搭機前往那個國家，幾乎都在城市外圍的機場降落。但是前往香港的班機，卻朝城市正中央筆直飛去。地面上盤旋的公路、密集的建築物、流動不已的車輛，甚至行人，樣樣看得一清二楚。

飛機高度愈低，風景飛掠愈快。雖然只是一閃即逝，我都還覺得：自己好像看到不少路人正抬頭仰望，看著我們這架巨無霸飛機呢。

老爸說：「晚上飛來的感覺更棒，那時，香港的燈火，就像星星一樣燦爛。」

我聽了，馬上要求回台灣時，要再坐一次窗口。老爸很爽快地答應了。事後回想，這要求眞是多餘，因爲只要跟隨爸媽出國，那一回不是由我坐在窗口呢！

希望以後能用電腦寫我的旅遊日記。

由於香港「啓德」機場距離城市實在太近，計程車開不到半個小時，我們就抵達最熱鬧的「尖沙嘴」。這也是「九龍半島」最南端的地域。

一走上尖沙嘴，我就有一種似曾相識的熟悉感。想半天，才發現是在太多港片裡見過此地的關係。

在電影中，這是一處超級危險的區域，不是成群「古惑仔」逞兇砍人，就是大批警察辦案捉人，還有飛車追逐，街頭槍戰，殺得血肉横飛，慘不忍睹……。

在繁華的香港，到處可見購物的人群與各種各樣的商店。

這時，剛好有輛我一眼就可認出的裝甲運鈔車停到路邊，車上走下兩位手拿長槍的年輕警衛，目光炯炯地向四周警戒。接著，又下來兩位提著箱子的警衛，一面張望，一面很迅速走進位於我們旁邊的金飾店裡。一切畫面，有如警匪片的情節，但現在可不是電影，而是眞眞正正地發生在我們眼前。

這下我可緊張了。他們是眞正的警衛嗎？會不會是匪徒喬裝的？就算他們是眞的，但有沒有「大圈仔」或亡命之徒埋伏在周圍，伺機而動？

電影不都是這樣演的嗎？激戰中，有時還會挾持人質；而我們一家人，現

在又首當其衝站在金飾店門口。

連媽媽都看出了我的緊張。老爸問我怎麼了，我趕忙說出了我那偉大的、很有「先見」之明的假設。漏氣的是，話還沒講完，警衛們已完成任務，裝甲運鈔車也一溜煙地開走，什麼事都沒有。

「你的想像力可真是豐富。」老爸說：「我想，是看太多的港產警匪片了。」

媽媽聽了立即取笑老爸：「還說別人，你還不是一樣。」說著，就抖出他們數年前初訪香港的糗事。聽說，老爸還真的在彌敦道問穿制服的警察：

矗立在九龍碼頭旁的西式鐘樓。

可能是曾被英國統治的關係，香港人喝下午茶的風氣也頗為盛行。

「這裡是不是經常發生打劫案？你們當警察的會不會覺得很危險？」

「當時，警察就是這樣告訴你老爸，」媽媽笑彎了腰說著：「先生，我想你是看太多警匪片了！」

一齣可能很刺激的警匪片，此刻已經轉爲笑鬧片。很像周星馳主演的無厘頭喜劇。也從那時起，我的心情完全放鬆，開始很悠閒地欣賞街上的喧鬧與美麗。你知道嗎？當華燈初上，街頭霓虹燈一盞盞點起時，香港的夜色眞美。

第二天，我們已經逛遍港島與九龍的「精華區」。這三個字是媽媽的專有名詞。對她而言，精華區就是開滿商店的街道。媽媽的採購戰果，豐碩到我和老爸差點昏倒。爲了她還專程返回旅館兩次。只因爲實在買得太多，大包小包提得叫人受不了。

國家圖書館出版品預行編目資料

旅遊塗鴉本：小軒和他的旅遊筆記/李憲章著
--初版--臺北市：生智.1999［民88］
面； 公分--（李憲章Tourism系列；2）
ISBN 957-818-018-7（平裝）
1.世界地理-描述與遊記
719.85 88006873

旅遊塗鴉本
小軒和他的旅遊筆記

李憲章Tourism系列 02

著　　者／李憲章
出 版 者／生智文化事業有限公司
發 行 人／林新倫
總 編 輯／孟　樊
執行編輯／范維君
美術編輯／黃一郎
登 記 證／局版北市業字第677號
地　　址／台北市文山區溪洲街67號地下樓
電　　話／886-2-23660309　886-2-23660313
傳　　眞／886-2-23660310
印　　刷／科樂印刷事業股份有限公司
法律顧問／北辰著作權事務所　蕭雄淋律師
初版一刷／1999年8月
I S B N／957-818-018-7
定　　價／新台幣320元

南區總經銷／昱泓圖書有限公司
地　　址／嘉義市通化四街45號
電　　話／886-5-2311949　886-5-2311572
傳　　眞／886-5-2311002

郵政劃撥／14534976
帳　　戶／揚智文化事業股份有限公司
E - mail／tn605547@ms6.tisnet.net.tw
網　　址／http：//www.ycrc.com.tw